雪梨 的日常

文‧攝影 李昱宏

U0010971

CONTENTS

文青雪梨

咖啡雪梨

In memory of 邱玟諭

在煙花綻放的瞬間，
一切都已經值得

1

　　轉眼之間，我已經居住在雪梨四個多月了，但是這四個多月似乎像是四年那般久遠，有趣的是這四個多月內，我竟然已經看過許多場的煙火。雖然這些煙火的規模不算大，但是偶爾能夠看見煙火在雪梨上空的角落綻放，卻是一件令人稱心的美事，而這美事可不是到處隨時都有的……

雪梨的週末，在達令港（Darling Harbour）上空偶爾就有煙火施放，馬丁廣場（Martin Place）上空偶爾也有煙火施放，一開始我不明白馬丁廣場上空的煙火從何而來，不過親臨現場之後，你就會知道那些煙火是從各棟大樓的頂樓施放的。

↑ 從我的研究室望出去，偶爾也會看見市區上空有煙火綻放，這些煙火伴隨著轟隆的爆炸聲出現，即使距離很遠又隔著厚重的玻璃，煙火的聲響都還能清楚地被聽見，所以只要轟隆聲響起，我便知道雪梨某個角落上空正有著美麗的煙火……

↓ 煙火的轟隆聲伴隨著研究室裡的音樂，那真的很具有蒙太奇效果，一種屬於聲音的蒙太奇。

　　香港導演陳果有一部電影叫做「去年煙花特別多」，說的是 1997 年香港回歸中國前的故事，道出了香港人當年五味雜陳的心情，那一年，他們看了六次煙花在香港的夜空燦爛綻放，有踏入 97 年的新年慶典、有慶祝新機場落成啟用、有新青馬大橋隆重開幕、也有慶祝香港由英殖民地重投中國懷抱……，夜晚的煙花雖美，但白晝的香港天空卻罩著灰濛濛的迷茫。而煙花也很多的雪梨大概沒有這般的困境，即使是操著流利廣東話的香港移民也不會否認上述的說法……

　　雪梨的煙花據說是全世界各大城市裡規模最為盛大的，或者加上國際換日線的關係，跨年的第一場煙花儘管不是落在雪梨，而是在紐西蘭的奧克蘭（Auckland），但是國際媒體卻慣常將雪梨煙花列為第一，兩相對照之下，雪梨的煙花規模確實比奧克蘭大得多。

↑ 雪梨歌劇院與雪梨大橋這海港美景是無價的瑰寶，雪梨的煙花在如此無價的海港綻放，自然成就了雪梨煙花的國際地位。

↓ 不管是哪一年，在雪梨看NYE煙花絕對是首屈一指的盛事。

某種程度上，煙花、歌劇院和大橋或許可以各自存在，但是合在一起的況味遠遠好過獨立的存在，而煙花就像是一種催化劑般地將此三者完美的融會在一起。

　　在雪梨看 NYE 煙花的地點雖然多，但是沒有一處比得上植物園（The Royal Botanic Garden Sydney）的優越，因為從那裡可以將歌劇院與大橋一起入鏡。12 月 31 日的中午 11 點我姍姍來遲了，沒想到植物園的門口竟然已經排滿了人龍，那人龍一路蔓延到聖瑪麗教堂附近，我也算是大開眼界，只好認命地排在隊伍的最後，但我卻不是唯一感到詫異的人，在我之後的每一個人幾乎都被漫長的人龍嚇呆了……。到了中午時分，那人龍彎彎曲曲地竟然彎回了植物園的入口處，新加入的人們還以為那是隊伍的起點，其實那是隊伍的終點，但總有人不願意相信，他們非得走完一圈才會認命的排在隊伍的終點。

NYE 與 BYO

在澳洲參與公眾的活動有許多英文縮寫必須事先明瞭，否則很難理解主辦單位的用意，例如 NYE（New Year Event，是以跨年煙花為主軸的一系列活動）便是一個例子，不過這例子容易望文生義，但 BYO 這個縮寫我就猜了半天，始終不知道它的含意，最後還是在等待煙火的下午時，聽一個已經是澳洲公民的臺灣朋友解釋之後才理解，原來 BYO 等於 Bring Your Own。

BYO 之所以經常出現，是因為在澳洲許多活動是不許大眾自行攜帶酒類的，按照澳洲人牛飲的習慣，一旦允許自行帶酒，那麼他們可能會將整箱的啤酒帶去。雖然不允許 BYO 的酒類進場，但主辦單位並沒有禁止大眾野餐，其實在澳洲的所有活動，其目的之一都是在促進家庭成員的情感交流，因此在很多活動的說明裡，官方都會鼓勵大眾攜家帶眷。

雪梨的煙花項目繁複多變，往往也有令人耳目一新的感覺。

雪梨大橋是煙花施放的主軸，火樹銀花般的煙花就從大橋上流淌。

整座城市陶醉在迷離的花海裡，剎那間雪梨的夜空似乎成了五顏六色的銀河，煙花與倒影連成了一片，人們狂喊著新年快樂，不認識的人們互相握手問好，雪梨瞬間成了友愛之城，瞬間成了不夜之城。

雪梨 NYE 活動官網

看煙花無需門票，但是某些場所則須付費參加，關於這些需要付費的場所請參閱官網中的 Free and Ticketed Events 部分，網址為 https://www.sydneynewyearseve.com/

交通資訊

看煙花的交通與環形碼頭（Circular Quay）直接相關，簡言之，不管您選擇在雪梨港周邊的哪一處看煙花，幾乎都需先抵達環形碼頭站，由於環形碼頭站是雪梨市交通的樞紐，因此其交通也非常便捷，以下列舉幾種抵達環形碼頭的主要交通工具資訊：

1. 雪梨市政府官網中就有詳盡的交通資訊，其網址為 http://www.cityofsydney.nsw.gov.au/

可參考網站中 Explore 部分的 Getting Around 項目，其中就有詳細的公共運輸資訊。

雪梨市政府中文官網 http://www.cityofsydney.nsw.gov.au/community-languages/chinese

2. 雪梨火車官方中文網站 http://www.sydneytrains.info/languages/chinese_traditional

3. 另外，新南威爾斯交通網也非常實用，網址為 https://transportnsw.info/#/

4. 雪梨歌劇院官網的交通資訊網址為 https://www.sydneyoperahouse.com/visit-us/transport.html

NYE 煙花 共有兩場，一場在 21:00，另一場則是在午夜的零時，這中間則穿插了燈船遊港的活動，由於這次的煙花主題是翡翠綠，因此煙花的設計便繞著這個主題打轉。

燈船遊港的主題每年都不一樣，但是多半跟海洋有關。

饒富趣味的燈船遊港活動是重要的點綴。

歡慶雪梨大橋上的衣架燈飾強調了雪梨人對於大橋的情感，衣架是雪梨人對於大橋的暱稱，這座大橋也象徵了澳洲人在逆境中保持樂觀的天性。

華麗的登場

第一場的煙花顯然只是牛刀小試，而在第二場煙花綻放前一小時，雪梨橋的燈飾從衣架變成了鑽石，這其間又夾帶著問號「？」的燈飾，十足地賣弄噱頭，不明就裡的人還以為是某家知名服裝公司的廣告。

到了倒數計時的瞬間，全場歡聲雷動，不管是哪一國人都熱烈忘情地喊著倒數，而子夜零點的煙花也的確震撼人心，雖然僅僅 15 分鐘，卻是畢生難忘的情景，彷彿十幾個小時的等待，在煙花綻放的瞬間一切都已經值得……

大橋上陸續噴出了煙花，歌劇院旁噴出了烈焰，連雪梨塔所在的市中心，各棟大樓也同時射出煙花，這些煙花相互輝映，令人目不暇給也措手不及……

從遠方看見的跨年煙花，這麼遠距離的觀看對於大多數人而言是新鮮的經驗。

雪梨大橋

1932 年竣工的雪梨大橋（Sydney Harbour Bridge）與雪梨歌劇院可以說是雪梨最富盛名的兩個地標，因為它的外型神似一個衣架，雪梨人也稱它為衣架（hanger），雪梨大橋曾經是世上最寬的跨距橋樑，目前也是世上最高的鋼構拱橋。

雪梨大橋最有趣的部分應該是它開放大眾攀爬，只是攀爬費用並不便宜，從普通時段到最貴的日落時段，其費用大概是新臺幣 6,000 到 9,000 元（又詳細區分為日攀、夜攀、日出、日落、一般日、聖誕假期至新年假期的高峰期）。攀爬雪梨大橋的類型被細分如下：一是所謂的一般型（Bridge Climb），這種類型會爬上鐵橋的上拱部分，攀爬至頂點再返回起點需時約為 3.5 小時；二是快速型（Bridge Climb Express），這種類型攀爬鐵橋的下拱部分，需時約為 2 小時 15 分鐘，三是初體驗型（Bridge Climb Sampler），也是攀爬下拱部分，但是僅爬鐵橋的四分之一，需時約為 1.5 小時。攀爬鐵橋的官網為 http://www.bridgeclimb.com/

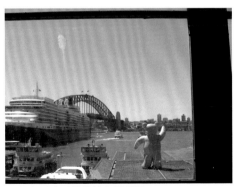

瑪莉皇后號郵輪停泊在雪梨港。

夜晚的雪梨大橋。

白晝的雪梨大橋。

雪梨歌劇院

雪梨歌劇院（Sydney Opera House）從 1959 年動工，直到 1973 年竣工，是舉世聞名的建築物，也是極少數列入世界文化遺產的現代建築物，從落成啟用至列為世界文化遺產僅相隔 34 年。

雪梨歌劇院與雪梨大橋堪稱是南半球最偉大的兩項人類建築物，雪梨市也因為它們的襯托而吸引了無數的外國觀光客到訪，雪梨歌劇院提供 1 小時的普通語（Mandarin）官方導覽，請參閱官網中 Visit Us 部分，導覽包含簡單的餐點，費用為澳幣 37 元，除聖誕節與復活節外，每日分為以下時段進行，早上 09:30 │ 11:00、下午 13:00 │ 14:30。

夜晚的歌劇院有一種科幻的魅惑感。

雪梨未曾飄雪，
但我希望有天她真的會飄雪

2

天氣晴朗時的雪梨，無論如何可以排進世界最美城市的前幾名。

初抵雪梨時總覺得天氣美好，在我極為有限的日文字庫裡，我記得日本人稱天氣美好為日和，「日和」這個詞彙對於我一點隔閡也沒有，這比「勉強」（實際上的意義卻是加油努力）、「邪魔」（實際上的意義卻是打擾）的用法簡單多了。

總之，日和是我對雪梨的第一印象，畢竟在 8 月底的冬末，那時的雪梨陽光意外的晴朗，湛藍的穹蒼讓人誤以為那是經過電腦處理之後的結果，後來我才知道，原來當天氣美好的時候，雪梨的藍天總是那樣的透藍，藍得讓人羨慕，也藍得讓人有點迷惑。

有人用「今天的天空很希臘」來形容天空，我覺
得那只是一種詭辯，但是如果有人說「今天的天空很
雪梨」，我想我會同意的，但是那終究必須是心領神
會之後，才能真正內化成有意義的語彙，畢竟雪梨的
天藍只能意會，卻難以言傳。

↑ 春天時的聖安德魯教堂。
↓ 日和時的雪梨總有著蔚藍的
天空。

↑ 玄藍的顏色很和諧地映在雪
梨天際。
↗ 雪梨的耶誕節天際也是藍色
的。
↓ 關於雪梨日和這回事，大樓
的玻璃帷幕其實看得最清楚。

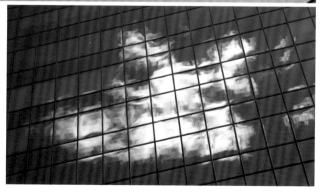

在春末夏初的時候，雪梨許多角落（例如聖安德魯教堂附近）的大樹會開著紫色的花。

那一樹樹的紫色會讓人聯想到臺灣鳳凰花開的季節，只是雪梨的紫色以婉約的方式轉述關於日和的訊息。

落英繽紛的紫色蔚成了雪梨的春天，我以為春天是雪梨最美好的季節。

我一度以為雪梨的天氣永遠都那麼美好，但是沒有多久，日和卻只是曇花一現，後來我才領悟到，原來雪梨的天氣很像是惡名昭彰的英國天氣，若天氣也具備人性的話，那麼我開始相信遺傳了，別忘了雪梨本來是英國殖民政府流放犯人的所在，英國的天氣素來以多變著名，有一則笑話笑稱維多利亞時代的大英帝國之所以雄霸世界，有一個重要原因是英國人早在本土習慣了各種天氣型態，英國的天氣既然如此無賴，就更別提英國惡劣的後代——澳洲。

　　雪梨的夏天，或者說是澳洲的夏天，無疑是南半球最恐怖的季節，因為夏天的雪梨氣溫偶爾會飆升到攝氏 42 度，那時的雪梨不僅極其炎熱，也極其悶熱，我在希臘雅典也遇過攝氏 42 度的高溫，但是雅典卻不至於像雪梨這般的悶熱，雪梨的悶熱像是點燃一根火柴就能引爆雪梨歌劇院那般的令人難以置信，不管是當地人或是外國人，都對雪梨的夏天敬而遠之。

　　雪梨的夏天恐怖，而雪梨夏天的風便是集恐怖之大成者，因為那風帶著焚燒的面目襲來，乾燥的焚風會讓你的身心處於極度厭煩的地步，一到夏天也是澳洲消防隊疲於奔命的季節，因為乾燥的焚風經常會引起雪梨近郊的山林大火。雪梨夏天的風恐怖，如果加上如影隨形的蒼蠅，那麼雪梨之夏絕對會讓你想即刻逃離，詭異的是雪梨其實是個乾淨的城市，所以我始終難以理解那些黏人的蒼蠅從何而來？我問過雪梨人關於蒼蠅的來由，他們也都表示一無所悉。

　　不管是什麼季節，風大的時候，雪梨經常讓人感到無可奈何，如果是冬末的陰霾加上了下雨，那麼雪梨的天氣就像是失寵的冷宮嬪妃，只是後來我無可奈何地也得忍受這位性格冷漠多變的妃子。

↑ 從我的研究室望出去的雪梨風景，雨過天青時偶爾也能看見彩虹。

↓ 夜裡的達令港很美，港口像是睡去了一般，海潮也不再吐沫，鷗鳥點去了白晝的咿呀，那些白天裡忙碌的遊艇也早早歇息了，美麗的夜色裡只有大樓的燈光此起彼落的閃爍。

在攻讀博士期間，我經常透過不太乾淨的玻璃窗看著雪梨，我的研究室在 17 樓，從 17 樓望去的風景一般而言十分的美好，從那個高度望去的 CBD（Central Business District，市中心商業區）僅在咫尺，達令港也在不遠處。

晚上的 CBD 是最美的，那一幢幢此起彼落的大樓亮著燈，聽說那是雪梨市政府的規定，理由是為了美化雪梨的夜色，至於電費當然也是政府買單。

　　另外，在節慶時你會看見煙花在海港的上空綻開，窗外的燈光璀璨，研究室的古典音樂則在我的耳際迴旋著，這應該也夠美的了，而這也是我在雪梨所能設法欣賞到的廉價美麗。

↑ 雪梨的滿月。
↓ 雪梨的街頭，只要天氣美好，都是美麗的。

鐘樓就是中央車站的所在地。

雪梨晴天的機率非常高，晴天裡的雪梨完全就是一位青春洋溢的少年。

晴天裡的雪梨，連街道都有故事。

雪梨的街景隨著光影的變化充滿了韻律感。

雪梨不缺乏美，午後的雪梨處處都有美感。

雪梨即景，日和的雪梨總有一種美感。

馬丁廣場的午後。

我總覺得雪梨的光線很有韻律感，往往在街角就能看見它們的舞動。

即使是冬天，雪梨日和的機率還是很高的，常見老夫老妻一起曬太陽。

雪梨的天空總有一種奇妙的藍色，初抵雪梨的人可能會對它不太習慣呢！

日和的雪梨，連長頸鹿都有一種難以言詮的況味。

聖安德魯教堂

位於雪梨市中心的聖安德魯教堂（St Andrew's Cathedral），是澳洲聖公會位於雪梨教區的主教座堂，同時也是澳洲最古老的主教座堂，竣工於 1868 年的聖安德魯教堂，其建築風格屬於歌德復興式，由於具有代表性，它也成為澳洲國家信託基金會（National Trust of Australia）所列管的對象之一，春天時教堂旁的藍花楹盛開的美景也是雪梨市中心的一絕。

黃昏時的聖安德魯教堂。

雪梨市政廳

其實雪梨有許多座市政廳（Town Hall），但是當雪梨人講 Town Hall 這個詞時，他們所指的就是位於市中心、緊鄰聖安德魯教堂的那座市政廳。

竣工於 19 世紀末，以砂岩作為建築材料的市政廳之所以著名，除了其位於市中心的位置之外，也因為它是熱門的聚會處所，舉凡戀人相約或是政治抗議活動，經常都在市政廳前發生；而市政廳也緊鄰著名的 QVB（Queen Victoria Building，維多利亞女王大廈），位於地下的通道則將市政廳與維多利亞大廈串連起來。

雪梨市政廳的開放時間為 8:00～18:00，但若有特殊活動則不在此限。

交通資訊

市政廳與聖安德魯教堂的交通非常便利，建議搭乘火車在 Town Hall 站下車，可順遊百年歷史的 QVB 購物中心。

↑ 聖誕燈光秀裡的市政廳。
↓ 市政廳的獅頭雕飾。

市政廳前的遊行抗議。

遊行時負責維安的警察。

QVB 購物中心內的風景。

雪梨的氣候

別忘了澳洲位於南半球，其季節剛好與位於北半球的我們顛倒，因此雪梨最熱的季節落在 12 月，其月均溫接近攝氏 30 度，在某些日子裡甚至會超過攝氏 40 度，但是因為澳洲的相對濕度不似海島型的臺灣如此的高，因此即使氣溫偏高的 12 月也不至於感到濕熱難耐；雪梨最冷的季節出現在 7 月，其均溫大概是攝氏 10 度，但最冷的日子會出現 0℃左右的低溫。

澳洲屬於地中海型氣候，因此呈現夏乾冬雨的狀態，6 月的平均降雨量為全年之最，大約為 150 mm，12 月的平均降雨量則為 50 mm，此外在我蟄居雪梨的三年裡，未曾見過雪梨飄雪，倒是在夏季時經常出現冰雹。關於雪梨的氣象預報可參考以下網站 http://www.weatherzone.com.au/nsw/sydney/sydney

雪梨天氣美好之下起舞的人們。

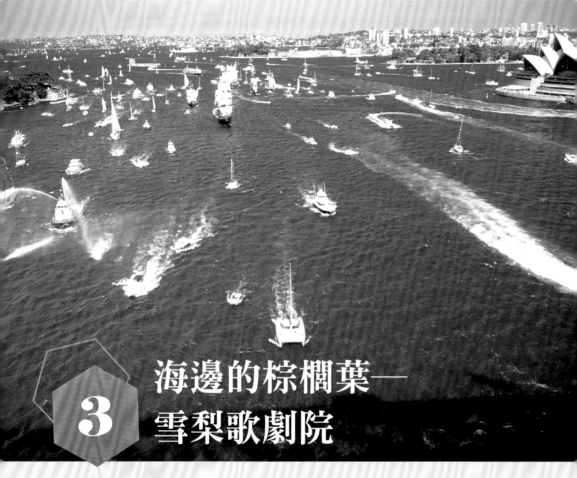

海邊的棕櫚葉——
雪梨歌劇院

3

澳洲國慶日當天應該是雪梨港最為熱鬧的時候。

　　許多遊客對於雪梨的記憶僅僅在於雪梨歌劇院與雪梨大橋，畢竟這兩項人類工程的成就足以列入當代的世界七大奇蹟之一，雪梨歌劇院就座落在雪梨最古老的一區──岩石區（The Rocks），岩石區是當年英國第一艦隊（The First Fleet）首次在雪梨登陸的地方，因此許多老雪梨的遺蹟均出現在此地，不過遊客絡繹不絕的前來這裡卻不是為了雪梨的遺蹟，畢竟年輕的雪梨比不上古老的歐洲，就別提更古老的中國與埃及或是兩河流域，他們都是慕名而來看那座雪梨（或者說是澳洲）的地標──雪梨歌劇院，猶如麥加之於伊

斯蘭、耶路撒冷之於基督徒，雪梨歌劇院就是整個澳洲的神龕，那座年輕的歌劇院成了丈量澳洲的標準。

↑ 聚集在歌劇院的人潮一向都是正午時分最多，那時的光線難以辨認歌劇院的線條，但是朝聖者卻完全不在乎關於審美的理念，他們以數位相機進行記憶存檔的儀式，除此之外便無其他。

↓ 雖然無法與德國的七百年小鎮同日而語，也無法與九百年的倫敦塔一較高下，就更別論埃及的金字塔，但是這般年輕的雪梨歌劇院卻閃著珍珠般的光芒。

一到了週末，這種朝聖的活動會使岩石區更加熱鬧，那是因為岩石區的市集就在雪梨歌劇院附近，於是乎岩石區市集成了朝聖者必到的地方之一，這個市集每逢週六及週日，從早上10點到下午5點，11月之後的夏令時間裡，岩石區市集有時會延長到晚上，跟格利伯市集與帕丁頓市集不同的是岩石區市集基本上是封街而成的市集。

每到週六及週日遊客便會蜂擁而至，岩石區市集有著強烈的觀光導向，彷彿那裡賣的全是滿足朝聖者的仰慕，歌劇院造型的鑰匙圈、袋鼠皮縫製的手提包，猶如親臨恆河便要帶回一瓶恆河水，到達許願池便要投兩枚硬幣，朝聖者似乎也一定要在市集裡取得一定的物件，若是空手而回便玷污了朝聖之名，於是那裡賣的東西主要都是針對遊客，但是這之間卻也不乏創意傑出的作品。

↑ 歌劇院附近的岩石區週末市集即景。
↓ 當日和時，雪梨歌劇院的白瓦總有一種無法揣度的白，無疑地，雪梨歌劇院這座聖堂是澳洲最前衛的現代建築物，作為一個城市、也作為一個國家的象徵，澳洲政府將雪梨歌劇院當作是一個圖騰，而這個聖堂圖騰大量出現於官方及民間的出版品上，小到明信片、大到書籍，都能見到雪梨歌劇院的身影，每年迎接元旦的盛大煙火也是在這裡施放。

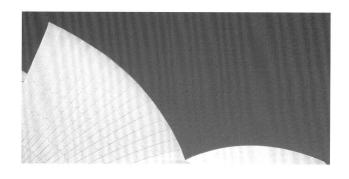

↑ 走在雪梨大橋時，鐵絲網裡的歌劇院總帶著一種迷離。
↓ 觀賞、拍攝歌劇院的最佳時分是清晨或是傍晚，因為那時的光線最柔美，而歌劇院的屋頂閃爍的反光也最迷人，只是知道這個秘密的人其實並不多。

雪梨歌劇院的位置得天獨厚，而它奇妙的風格也吸引了所有人的目光，尤其是覆蓋在風帆般的屋頂上的白瓦，這百萬片晶瑩的白瓦，讓整座聖堂即使在晚間都很絢爛。

歌劇院就是雪梨的生命，因此
觀光客無論如何也要與它合
影。

雪梨歌劇院分為許多廳，音樂廳（Concert Hall）
是歌劇院最重要、而且也最令人印象深刻的地方，擁
有 2,679 個座位的音樂廳也是雪梨交響樂團的駐地所
在，其內的管風琴花費十年的時間設置及調校，音樂
廳的音場設計頗為完美，因此它的音響效果不凡，只
不過在音樂廳欣賞音樂演出的門票也不便宜就是了。

歌劇廳（Opera Theatre）則是另一個重要的表演
場所，歌劇廳內有一千五百多個座位，它也是澳洲國
家芭蕾舞團、雪梨舞團及澳洲歌劇團的駐地。戲劇廳
（Drama Theatre）原本不在歌劇院的設計當中，因此
它的規模比較小，但也因為如此，所以戲劇廳的內部

設計比較緊緻，在容納觀眾不多的情況下，觀眾欣賞演出的品質卻相對地提高，目前戲劇廳也頗受觀眾的歡迎。

澳洲年輕且兼容並蓄的特色也反映在雪梨歌劇院內，不僅有上述屬於古典演出範疇的音樂廳、歌劇廳、戲劇廳等，雪梨歌劇院還有前衛的一部分，實驗工作室（The Studio）及劇場（Playhouse）就是屬於前衛的部分，實驗工作室的表演內容包羅萬象，包括同志變裝秀、鄉村音樂歌舞秀、嬉哈音樂秀等，您可能很難想像雪梨歌劇院內也有這麼通俗、前衛的廳堂，劇場則是當代戲劇及兒童歌劇院之旅舉辦的場地。

雪梨歌劇院的兼容並蓄或許是歷史的必然，它鎔鑄各種表演藝術為一爐的作法也超越了許多的前輩，至於它的晚輩們卻未必能起而效尤，因此雖然孤懸於南半球，但它卻一點也不寂寞。

年輕的澳洲其實是創意的根據地，而雪梨歌劇院便是創意的聖堂，除了岩石區的市集之外，歌劇院前也有一個市集，這個市集在每個週日的早上9點到下午4點舉行，但視天候狀況而定，當天雨的時候就會取消，歌劇院前的市集比較集中於手工藝品，它的性質與岩石區的市集類似，所販賣的工藝品也比較迎合遊客的喜好。

↑ 歌劇院附近的街頭賣藝人。
↓ 環形碼頭也是雪梨街頭賣藝
人的大本營。

雪梨歌劇院前的餐廳。

雪梨歌劇院的誕生

讓雪梨大放光芒的雪梨歌劇院，其實在建築過程中風波不斷，它的設計師是丹麥籍的烏森（Jørn Utzon），他所設計的貝殼外型，讓雪梨歌劇院在世界的建築歷史上奠下了不朽的地位。

烏森的概念來自於棕櫚葉的扇形葉脈，而他的設計理念基本上是想要營造出一種對抗地心引力的視覺效果，雖然他的創意受到雪梨官方的讚賞，但是烏森一開始並沒有做好成本的估算，又因為雪梨官方及民間對於籌建歌劇院的意見分歧，而在 1958 年的募款也未如預期的熱烈，除了資金的募集出現危機之外，工程上的問題也層出不窮，儘管烏森的設計極具挑戰性，但是相對地工程難度也隨之增加，遲至 1959 年歌劇院才正式動工。

不過在 1966 年烏森便因為對許多問題的看法與官方的意見相左，不得不掛冠求去，後來官方聘了四個澳洲籍的建築師取代了烏森的位子，最後烏森負氣地離開了澳洲。

爭議不斷的歌劇院在 1973 年的 10 月 20 日，由英國女皇伊莉莎白二世在歌劇院前宣佈正式落成啟用，這也為 14 年來紛擾的興建過程畫下了句點，而澳洲政府也在 1999 年與原設計師烏森達成和解。有趣的是烏森在 2003 年以雪梨歌劇院的設計案獲得了建築界最高聲譽的普立茲克獎（Pritzker Prize），這與雪梨歌劇院的開工日已經相隔了 40 年以上。

藍天無雲時，層次分明的歌劇院。

雪梨港的兩顆心。

雪梨歌劇院官網

每週在歌劇院上演的節目多達 40 場，含歌劇、音樂會等各類表演，官網中的 What's On 部分主要是當季演出節目的說明，Visit Us 的部分則是提供交通與導覽的資訊，網址為 https://www.sydneyoperahouse.com/

交通資訊

從環形碼頭徒步到歌劇院僅需 6 分鐘左右，在歌劇院官網中所提供的交通訊息網站是新南威爾斯交通網。

4 Newtown 的塗鴉藝術

　　雪梨市的人口雖然稱不上是大城的規模，但是無庸置疑地，她的土地規模可以稱得上是一座大城，因為即使你搭火車從雪梨的中央車站（Central Station）到市郊去，一個小時之後你所到的郊區仍舊在雪梨市的行政範圍內。

　　因為澳洲早期的移民是英國人的關係，雪梨的地名與街名都承襲了濃厚的英國風，例如海德公園、牛津街等，不過雪梨各個 sub 的命名似乎就不與英國雷同。我因為長住在雪梨，因此沒事的時候總喜歡到各個 sub 閒晃，久了自然就略為知道各個 sub 的特色，

紐頓區（Newtown）的塗鴉很具有職業水準，Newtown 是我偶爾去的一個區，那裡與我所居住的 Tempe 區距離很近，因此我偶爾會徒步過去那裡晃晃，居住在 Newtown 的學生很多，因為 Newtown 臨近雪梨大學與雪梨科技大學（University of Technology, Sydney，UTS），我的德國同學便住在那一區。

而這些特色往往都有獨占性，這點也與臺灣的城市大相逕庭。

King Street

　　國王街（King Street）是 Newtown 的重心所在，也是 Newtown 最多牆壁塗鴉的一條街，實際上 Newtown 就是沿著國王街發展起來的，早期歐洲移民來到澳洲定居時，國王街已經是一條通衢大道，將雪梨當時的城區與 Newtown 附近的農場連接起來。

　　國王街一度也是富人居住的區域，至今你還是可以從街旁的維多利亞式建築嗅到一點當時的氣派，不過到了 1960 ～ 1970 年代之間，國王街成了勞工與新移民的集中地，那時許多勞動階級、龐克族、搖滾樂手都住在這一區，於是富人接著在這區絕跡，這種演變在雪梨是一種歷史上的必然，雖然 Newtown 的整體風貌仍舊有些滄桑，但是這種滄桑卻也成為它的招牌。

Newtown 的 King Street 街景，現在許多雪梨人把 Newtown 視為一種文藝復興。

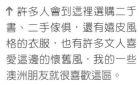

↑ 許多人會到這裡選購二手
書、二手傢俱，還有嬉皮風
格的衣服，也有許多文人喜
愛這邊的懷舊風，我的一些
澳洲朋友就很喜歡這區。
↙ 國王街的一家土耳其古董
店前。
↓ 國王街的家俱店很多，許
多標榜東方元素。

儘管整個雪梨充滿了過去的氛圍，但是國王街的老屋依舊有其獨特的魅力。

雪梨承襲了英國人戀舊的習性，老屋也沒有甚麼都更的問題。

↑ 澳洲人喜歡藝術創作，往往一面牆就是其靈感來源。

← 國王街本身就是一處很超現實的場域，很多藝術家都在本區落腳。

↓ 國王街的街頭藝人表演。

塗鴉藝術

　　Newtown 的特色是牆壁上的塗鴉藝術，雪梨市的塗鴉不僅是一種文化表徵，它也是一種城市藝術，而且最為重要的是雪梨市政府也尊重這樣的藝術表達方式，所以官方也未曾因為整頓市容的關係而將這些塗鴉清理掉，甚至鼓勵居民從事牆壁塗鴉的藝術創作，因此 Newtown 的牆壁在一段時間之後總會有新的作品出現，猶如澳洲人喜愛刺青，這些塗鴉藝術就是雪梨的刺青，例如 Paddington、Surry Hills、Glebe 等區域也有不少塗鴉傑作，或許我應該這樣說，離開 CBD 之後，雪梨的城市庶民藝術逐漸增加，而這也往往令人感到新鮮，於是你會開始認為雪梨是南半球的城市經典。

Newtown 區具有濃厚日系風格的塗鴉，雪梨的牆壁塗鴉不僅出現在 Newtown，其他各區也有為數可觀的塗鴉藝術，事實上它存在於雪梨的各個角落。

Newtown 區體現澳洲原住民精神的塗鴉，帕丁頓區（Paddington）與牛津街（Oxford Street）的藝廊或許屬於上層結構，但說到了 Newtown 這區，就是屬於庶民文化的一環，那些牆壁塗鴉沒有一幅講述關於上流社會的故事，那一面面牆壁說的都是超現實的藝術風格。

我是讀電影出身的，英國有一部名之為牆（The Wall）的電影，號稱是影史上最長的 MTV，電影裡運用音樂與動畫互相結合，諷刺了國家機器如何宰制個人，也陳訴了戰爭的無情冷血，由於它的手法獨特，於是許多人相繼抄襲，我偶爾看著雪梨的牆，就會想到這部英國傑作。

或許是因為 Newtown 的學生多，因此後來的 Newtown 被注入了許多年輕繽紛的塗鴉藝術，事實上，年輕的學生就是塗鴉藝術的主力，但是不管如何，頹廢才是 Newtown 的本色，至今 Newtown 仍然保有這個頹廢的特色。

由於先前頹廢的顏色鮮明，所以少有外國人會對 Newtown 區感到興趣，不過後來雪梨市政府大力振興這區的文化，例如每年在 Newtown 舉辦商店櫥窗展覽就是一個好例子。

Newtown 顯得朝氣蓬勃，或許也是因為學生的青春氣息感染了頹廢老舊的街頭，因此在兩種元素的激盪下，Newtown 呈現出一種波希米亞風格。

蒙娜麗莎

　　蒙娜麗莎是我每次到 Newtown 都會駐足欣賞的一幅作品，它委身在小巷子裡，那小巷的光線不算明朗，午後的陽光偶爾會掠過它，但那畢竟只是偶爾，若是多雲時，小巷的陰霾和著小雨，確有幾分東歐某個國家、某個小城的小巷樣貌。

　　文藝復興在那些午後早成了歷史，於是遠離了翡冷翠，也與羅浮宮相隔了天涯，那小巷靜靜地杵著，距離國王街僅在咫尺，匿名的作者將文藝復興巨匠達芬奇的曠世傑作複製在牆壁上，或許筆法沒有達芬奇那樣的老練，也或許抄襲與複製原本就等而下之，或許那呈在牆壁上的微笑略顯粗糙，不過這面牆就靜靜地立著，稍稍離開了車水馬龍，因此也少有人前來欣賞，不似羅浮宮內的喧囂，小巷異常的寂靜，似乎牆上的蒙娜麗莎正欣喜於這種安靜，她笑得有點開懷，反而不太像是本尊，而羅浮宮內防彈玻璃裡的蒙娜麗莎，或許未必真的知道自己在微笑。

　　巴黎的蒙娜麗莎或許屬於學院派，雪梨的蒙娜麗莎卻是百分之百的庶民，不過我倒喜歡它的平民風格，好似任何人都可以對它品頭論足。

文藝復興的蒙娜麗莎與 Newtown 的蒙娜麗莎，精緻的巴黎羅浮宮與南半球的雪梨小巷，不知道這是否也是一種後現代？

新南威爾斯州旅遊局

這個網站相當實用，它詳細介紹了
Newtown 區的迷人之處，舉凡特色小店、著
名咖啡店、書店等都有生動的說明，網址為
http://www.sydney.com/destinations/sydney/
inner-sydney/newtown/attractions

交通資訊

可搭乘火車至 Newtown 站下車，或
是從雪梨中央車站附近的公車站搭乘前往
Newtown 區的公車，例如 422、423 路線。

國王街的老宅多半有一種滄桑的韻味。

Newtown 的特色店家實在不勝枚舉，
以下僅介紹部分我很喜愛的地方。

Better Read than Dead

曾經被評選為雪梨最好的書店之一，
就如 Newtown 的波希米亞血統一般，它
有著流浪的風格，喜歡閱讀的朋友可以
在那裡消磨大半天，其網址如下：http://
www.betterread.com.au/discount-books/
home.do

Campos Coffee

喜歡咖啡的朋友不能錯過這家咖啡
店，藏身巷弄中的它曾經獲選為雪梨最
佳咖啡店，它的招牌是 Affogato，這種
義大利濃縮咖啡非常濃稠且帶有酸味，

咖啡之上的冰淇淋具有畫龍點睛的效
果，Campos Coffee 的網址如下：https://
camposcoffee.com/

Yoshi Jones

這是一家具有濃厚日本風格的服飾
店，也是喜歡時尚的朋友不容錯過的地
方，它自 1990 年代在雪梨生根，長期以
來的風格結合了日本和服的傳統，加上現
代的風潮，其所販賣的商品都具有巴洛克
風格。網址為 https://www.yoshijones.com/

Hats By Rosie Boylan

這是一家手工帽子專賣店，主人家
Rosie Boylan 大有來頭，其作品與許多知
名電影及電視劇合作，在時尚圈享有盛
名。網址如下：http://rosieboylan.com/

University Art Gallery

這家附屬於雪梨大學的藝廊也在
Newtown 區，它的收藏品從 1850 年代
至今，畫廊中所舉辦的展覽具有高度的
當代特色。網址為 http://sydney.edu.au/
museums/

國王街某修車廠的日常風景。

小店專賣鈕扣、維多利亞時代的小玩意等,是獨步雪梨的商店,您在雪梨市其他區可能已經找不到這樣的小店。小店一多,各種風格的櫥窗便一一浮現,有些富有巧思的櫥窗會讓你對澳洲人的創意重新評估一番。

Newtown 區一家非洲餐廳外的非洲地圖，此區也有一些非裔居民。

5 廢棄倉庫中的藝術殿堂──丹克斯街貳號

在新舊交融下的丹克斯街貳號已經儼然成為雪梨南區的藝術指標，雖然其規模還不足以與帕丁頓區分庭抗禮，但是它以後起之秀的姿態崛起，象徵著雪梨新興的藝術勢力。

臺灣有些廢棄的倉庫最後改建為藝術展場，最有名的莫過於臺北市的華山，嘉義也有個藝術展場過去是鐵道的倉庫，現在則改建成為鐵道藝術村，臺中市也有類似的倉庫，這種雷同的例子在其他國家其實也很普遍，例如德國就擅長將工業區改造成公園，澳洲在這方面也不遑多讓，雪梨的南區、靠近 Redfern 的 Waterloo 就有一家由廢棄倉庫改建的藝廊，這家規模龐大的藝廊是牛津街之外，雪梨的另一個藝術重鎮，丹克斯街貳號（2 Danks Street）就是這家藝廊的總稱。

其實用「這家藝廊」來稱呼丹克斯街貳號並不算是正確，因為實際上丹克斯街貳號匯集了 Aboriginal and Pacific Art、Conny Dietzschold Gallery、Brenda May Gallery、Utopia Art Sydney、Depot II gallery、Sandra Byron Gallery、Stella Downer Fine Art、Multiple Box Sydney，以及 Gallery Barry Keldoulis 九家各種藝廊在一幢大倉庫裡。我很喜歡丹克斯街貳號的空間，在那裡逛藝廊有一種閒適的心情，一方面是因為丹克斯街貳號原先是一座大倉庫，因此那裡總有一種懷舊的氛圍，經過改建後的倉庫仍舊維持著寬闊的空間，但是卻又注入了各種藝術的新元素。

丹克斯街貳號的九家藝廊性質基本上大同，而它們之間的大同之處就是「綜合性」，這些藝廊不一定單以某種形式的藝術品為唯一主題，換言之它們的展出可能融合了立體雕塑、畫作等，雖然有大同之處，但是它們仍舊有小異的地方，例如某幾家藝廊就標榜以多媒體藝術為主要項目，而有幾家則以古典藝術為大宗等。

Conny Dietzschold Gallery 這家藝廊就以前衛為主，這家藝廊有個特殊之處是它並非澳洲本地的藝廊，它所展出的作品形式多樣，舉凡油畫、多媒體藝

來自於德國的 Conny Dietzschold Gallery 提供了許多歐洲國家，諸如奧地利、瑞士、德國、英國等，及美國最新的藝術傑作，這也為丹克斯街貳號標上了國際化的符號。

Brenda May Gallery 這家藝廊有一個小小的空間，這個空間用來展示銀器及首飾作品，這在丹克斯街貳號也是比較特別的作法。

術、立體雕塑都是展出的內容；而 Brenda May Gallery 則具備綜合性的特色，這家藝廊所展出的畫作多半以油畫及壓克力多媒材為主，偶爾也會展出攝影作品，它的展期通常以一個月為限。

Aboriginal and Pacific Art 則是標榜澳洲原住民藝術的藝廊，在丹克斯街貳號有兩家原住民藝廊，這是其中的一家，與這家藝廊合作的藝術家有六位，他們的作品有油畫、織品、多媒材等，除了這些藝術品之外，他們也有木雕作品展示。

澳洲原住民藝術是澳洲所獨有，這種原住民藝術可以追溯到二萬年前，也有學者認為澳洲的原住民藝術是地球上最為原始的藝術形式，史前的澳洲原住民以礦物為顏料，將那些人物、動物或是植物的線條塗

於岩石上，這種藝術的功能多半是針對宗教及政治目的，原住民將這些他們認為神聖的圖案塗繪於岩石、樹皮（表示對於神明的崇拜）及地面上（用於區別不同部落），根據原住民的神話，他們認為在萬物初始的時候（原住民稱之為 dream time），天神降臨地球創造了他們，並且幫助他們建立起社會制度，因此有關 dream time 的描述經常出現於他們的藝術當中，而這種彩繪藝術也用於原住民的人體上。

雪梨市郊就有一些出土的原住民遺址，其實原住民才是雪梨的最早居民，這些遺址也經審核成為世界文化遺產。除了以人物、動物及植物為題材之外，史前澳洲原住民的創作中也充滿了大量的抽象線條，這些線條通常以英文字母 U 及 X 呈現，有一說認為英文字母 U 及 X 與動物的器官（例如腸子）相似，在許多原住民的創作裡，這些抽象創作也屢見不鮮。

澳洲的原住民藝術大多以人、動物（鱷魚、大蜥蜴、袋鼠等）、植物為創作題材，最早使用的媒材是岩石及樹皮等，現今的原住民藝術則多半以畫布（canvas）為主要創作媒材。

雪梨市內也有許多標榜原住民藝術的藝廊，這些藝廊裡所陳列的畫作、雕塑、紡織作品全都出自於澳洲原住民之手，在以往白澳政策執行時，原住民不被視為澳洲人，他們備受白人的打壓，甚至原住民的小孩被迫與父母分離，白人想以強迫的方式改變原住民的生活，但這畢竟是徒勞無功而且極不人道，後來隨著白人的悔改，在上個世紀的六零年代，原住民終於取得了政治上的平等地位，原住民藝術也隨著政治上的開放而進入了澳洲的主流社會，近年來澳洲原住民的藝術作品甚至創下許多輝煌的記錄，這些原住民藝術屢屢在藝術市場裡以高價售出。

Utopia Art Sydney 是丹克斯街貳號的另一家原住民藝廊，它也是丹克斯街貳號唯一在二樓的藝廊，與 Utopia Art Sydney 合作的藝術家多半是西澳的原住民藝術家，他們稱自己為 Papunya Tula Artists（PTA），要進這家藝廊必須穿過一段不長不短的走廊，因為藝廊位於二樓，Utopia Art Sydney 的採光也是丹克斯街貳號最佳的。

Multiple Box Sydney 則可視為 Conny Dietzschold Gallery 的延伸，它以多媒體作品為主，內容包含攝影、映像（video art）、裝置藝術等，藝廊的走向偏前衛，到這家藝廊逛逛，您大致上就能嗅到一股屬於雪梨的前衛風，它的展覽經常與 Conny Dietzschold Gallery 合作展出。性質與 Multiple Box Sydney 相近的還有 Gallery Barry Keldoulis（GBK）與 Depot II gallery 這兩家藝廊。

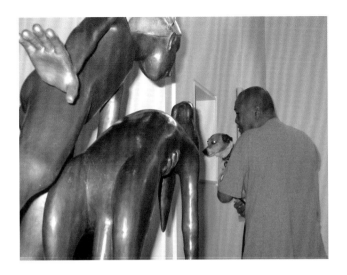

Stella Downer Fine Art 是一家以比較古典的作品為主的藝廊,這家藝廊的空間不算小,除了畫作之外,這家藝廊也展示陶藝作品,一般而言,在丹克斯街貳號的藝廊都接受藝術家的預約,這家藝廊也不例外,您也可以在那裡展示您的作品。

Sandra Byron Gallery 是一家專門的攝影藝廊,也是丹克斯街貳號裡唯一以攝影為主題的藝廊,雪梨的攝影師喜歡在這裡開展,因此我偶爾會到這家藝廊閒逛,我發現雪梨的攝影藝廊喜歡將攝影作品以帆布面處理,或者是將數幅主題相近的攝影作品拼湊在一起。

由於丹克斯街貳號的藝術特性,目前澳洲有許多藝術獎項也與它合作,例如澳洲西太平洋銀行的年度藝術大獎就是在丹克斯街貳號展出,而澳洲的 The Freeland Foundation 藝術基金會也選定在丹克斯街貳號展覽。

此外,因為丹克斯街貳號原先是一幢大倉庫,因此裡面的空間感寬敞,那裡的藝廊本身就有一種設計感,最大的優點是您可以在同一倉庫中逛九家藝廊,而且丹克斯街貳號在週六也營業,我覺得它是愛好藝術者除了帕丁頓區(Paddington)之外,絕對不能錯過的地方,我偶爾就會去那裡閒逛。

雪梨市政府也喜歡在丹克斯街上辦活動，例如 Danks Street Festival 就是一個例子。

雪梨市政府的作法是封街，如此一來整條丹克斯街就成了偌大的活動場地，由於丹克斯街貳號經常有新的展覽，因此即使常去也不會覺得厭煩。

Danks Street Festival 一如澳洲其他的活動，一樣也講究親子關係的發展，且特別重視藝術方面的啟發。

Danks Street Festival 也有許多音樂演出節目，且可看性相當高。

藝廊網址

1. Conny Dietzschold Gallery：
   http://www.connydietzscholdgallery.com/
2. Stella Downer Fine Art：
   http://www.stelladownerfineart.com.au/
3. Aboriginal and Pacific Art：
   http://www.aboriginalpacificart.com.au/
4. MAY SPACE（前身為 Brenda May Gallery）：
   http://www.mayspace.com.au/
5. Utopia Art Sydney：
   http://www.utopiaartsydney.com.au/
6. Depot II gallery：
   https://www.facebook.com/pages/Depot-II-gallery/114682788614239
7. Multiple Box Sydney：
   http://www.multiplebox.com.au/
8. Gallery Barry Keldoulis：
   https://www.facebook.com/pages/Gallery-Barry-Keldoulis/128481760571276

開放時間

　　一般說來丹克斯街貳號的營業時間是週二～週六，但是若配合雪梨市政府的活動，在週日它也會營業，其粉絲專頁如下：https://www.facebook.com/2DanksStreet/

交通資訊

　　可搭乘火車至 Waterloo 或 Redfern 站下車，接著以步行方式慢慢走過去。

澳洲人對於寵物呵護備至，連洗澡都有專用的設備。

6 Darling Harbour

　　有些大陸人把達令港（Darling Harbour）翻譯成「情人港」，這說起來是畫蛇添足，我總覺得沒有一種翻譯方式可以完美地傳遞原文的性情，但是就有人喜歡這麼做，當然，Darling Harbour 的命名來自於英國殖民者，至於原來的澳洲住民如何稱呼它，已經成為一場羅生門。

　　成功轉型之後的達令港也成為雪梨市內有名的美食餐廳區，沿著海港有櫛比鱗次的餐廳與酒吧，此外在港邊也有購物商場，川流不息的觀光客則在那裡享受著悠閒的購物氣氛，若是走累了還可以就近用餐。

Darling Harbour Fiesta 這個活動可以稱得上是全雪梨最大的露天舞蹈活動，一開始它的規模其實不大，但是隨著雪梨市民的熱烈加入，於是漸漸地打開了知名度，如今它成為雪梨最重要的拉丁盛會。

Darling Harbour 的由來其實與情人一點關係也沒有，它的命名由當時的殖民地長官 Ralph Darling 所決定，Ralph Darling 的在任期間為 1825 ～ 1831 年，很顯然的，Ralph Darling 以其姓氏為達令港命名。

在雪梨的週末經常可見這樣的風景，雪梨的妙齡女郎有著很澳洲的幽默感，其實雪梨（Sydney）也是英國姓氏名，在澳洲算是短淺的白人歷史裡，屬於英國的一切無疑的左右了這個國家的傳統與發展。

在一連三天的 Darling Harbour Fiesta 活動裡，許多拉丁族裔的人們都會不約而同的聚集在港邊曼舞，根據官方估計，在三天中參與這項活動的人數高達 25 萬人。

達令港的演變實際上與觀光有著直接的關係，過去它是一處貨物集散地，在觀光興盛之後，它轉變成為休閒場所與文化展場，如今造訪雪梨的觀光客都會在旅行團的安排下到達令港遊覽。

達令港位於雪梨市中心的西側，在它的範圍內以柯克灣碼頭（Cockle Bay Wharf）及國王街碼頭（King Street Wharf）最為知名，整個達令港如今已經轉型成為一處融會娛樂、活動、購物、餐飲等的觀光聖地，它的主管單位與雪梨港一樣是 Sydney Harbour Foreshore Authority，但是達令港的風情卻與雪梨港大異其趣。

達令港真的開始轉型是在 1980 年代中期，當時的達令港因應局勢的發展而變裝成為一處人文時尚的觀光休閒場所，當時新南威爾斯（New South Wales）州政府以「世界街（Globe Street）」為名的都市更新計畫重新打造達令港，而這個計畫的宗旨在於將亞洲的特色導入達令港。

我偶爾會到達令港閒晃，閒晃也是我的研究之一，我總是設法想從那些稍縱即逝的瞬間裡，捕捉到一些對我而言有著意義的畫面。白晝的雪梨就像是葉片行著光合作用，你會在車水馬龍之間領略它所釋放出來的氧氣，陽光燦爛的天氣裡，這氧氣尤其會伴隨著美麗的顏色湛開，而達令港的顏色天生就屬於蔚藍，在那裡雪梨以慵懶的方式轉述關於天氣晴朗的訊息，於是你會在慵懶的氣息裡忘卻操勞的雪梨，而慵懶在雪梨並不是舉手可得的享受，因為這位操勞的貴婦在白晝時不會刻意停下來與你閒聊，她卸妝之後的美麗與神秘，往往只能在夜裡靜靜地端詳。

　　達令港其實是雪梨的梳妝檯，那裡掩映著雪梨的婉約之美，達令港的氛圍有著美麗的情調，而這種情調並非成於一時，它是時代演進下的結果。

　　我也曾經在倫敦住過，與年邁的倫敦相比，年輕的雪梨是極富創意的，這明顯地與雪梨所繼承的英倫血統脫鉤，我猜雪梨或許也是感到孤獨的，或許就是因為要擺脫南半球的寂寞，於是雪梨用她自己的方式，熱烈歡噪著她的每個週末，那些不勝枚舉的嘉年華，讓雪梨處於一種亢奮的狀態，而我這個異鄉人也樂得享受這樣繽紛的氛圍，尤其是夏初，旖旎的漫長白晝逐漸登場，冬末的尷尬被雪梨人收進了衣櫥，與漫長的白晝成反比，雪梨人逐漸褪去長袖衣衫的羈絆，那時你甚至會看見穿著比基尼的妙齡女郎在雪梨街頭曼舞。

　　夏天的雪梨有無數值得曼舞的地方，但是沒有一處像達令港這樣的優越，實際上達令港也是每年雪梨舉辦拉丁舞蹈節的場地，在那個週末裡，達令港成了雪梨最浪漫的露天舞臺，探戈的舞步在那裡交織著，人們的歡笑在那裡綻放。達令港是雪梨的一處柔美所在。

若說雪梨港壯闊，那麼達令港便屬於婉約，不過它與雪梨港一樣也有座知名的橋 ——皮爾蒙特鐵橋（Pyrmont Bridge）。

皮爾蒙特鐵橋是世上第一座水平旋轉的橋樑，如果你夠幸運的話，還能看見正在開合的橋。

由於匯集了許多觀光景點，因此達令港成為遊覽雪梨的必到之處，這些觀光景點有雪梨娛樂中心（Sydney Entertainment Centre）、雪梨會議及展覽中心（Sydney Convention and Exhibition Centre）、澳洲國立航海博物館（Australia National Maritime Museum）、動力博物館（Powerhouse Museum，簡稱 PHM）、賭場（The Star Sydney）、雪梨水族館（SEA LIFE Sydney Aquarium）、IMAX 劇院（IMAX Sydney 的螢幕為世界最大）、雪梨野生動物園（WILD LIFE Sydney Zoo）等。

至於亞洲化的議題在當代已經成為澳洲政界及民間的重要政治辯論之一，因為如今在澳洲境內的亞裔移民大幅增加（大多數來自於中國及印度），於是脫歐入亞的政治主張也就不斷的被提及，達令港的轉型在一定程度上也反映了這個政治潮流，「世界街」計畫實際上仍舊在執行著，它的終極目標是將達令港建設成為商業與觀光合而為一的世界級中心，目前許多國際郵輪公司選擇達令港作為靠泊雪梨的港口，例如著名的 P&O Ferries 便是一例，而達令港的雪梨會議及展覽中心則在 2000 與 2007 年成為奧運及亞太經合會的主要會議場所。

由於鄰近中國城（China Town），因此達令港與中國城的一些商業區連成一氣，而達令港本身也有購物中心，此外雪梨唯一的一處中國花園也位於達令港範圍內，該花園被稱為「誼園」，是中國廣東市政府贈送給雪梨的禮物。

每個週末達令港幾乎都有名目不一而足的活動，其中最為盛大者當然是澳洲國慶日活動，達令港的國慶日活動最扣人心弦者不在白天，因為當日達令港白天的活動與其他地方雷同，但黃昏之後的達令港便比其他地方更引人入勝，原因在於國慶日的重頭戲——煙花與音樂的聯合表演，便是以達令港為活動場地。

　　這場煙花與音樂的聯合表演在當晚 7 點由政府的船隻駛入港口而正式宣告典禮開始，那艘政府船隻所搭載的是原住民的宗教儀式團隊，當船上升起白煙時，那便是原住民對於土地的祈福儀式。祈福的船隻繞行港口一圈之後，便是各種的演藝活動登場，例如澳洲國歌的演唱、孩童們的合唱等，節目的主持人也會將各種的娛樂穿插在節目中以炒熱氣氛，在這表演期間，水上活動搭配音響效果的演出一直不斷地進行，再加上乾冰的魔幻效果，因此整個達令港變得很奇幻。主持人在這段期間還會訪問許多該年成為澳洲公民的外國人，澳洲政府透過歡樂的氣氛與輕鬆的訪問，塑造出一個屬於自由平等的國度，這比起耗資千萬的政治廣告更具有效果。

　　當晚的壓軸當然是煙花的施放，達令港的煙花離群眾很近，由於它是利用駁船在海面上施放，因此不會有安全上的問題，加上音響效果的烘托，可看性未必比雪梨港的跨年煙花低。再者，達令港的國慶日煙花是一場露天的多媒體大秀，煙花施放的時間長達 15 分鐘左右，當煙花施放時，作為背景的 CBD 建築群燈光恰好互相掩映，這種城市與海港煙花的混合，在其他地方是很少見到的，例如香港與澳門的煙花儘管也在城市與海面上，然而它們的地點卻又比較開闊，至於達令港本身便是一個港灣，凹型的海灣有著地利之便，恰好將煙花的勝景無遺的收納其中，因此達令港的煙花在璀璨的城市燈光中綻放得更加動人。

Australia Day

澳洲國慶日活動的官網為 http://www.australiaday.com.au/

在達令港所舉辦的活動中，最為盛大者是澳洲國慶日活動（每年的1月26日），因為達令港的特殊風情，許多澳洲影視節目也喜歡在這裡取景，而市政府所舉辦的大型活動，往往也選中達令港為主要場地。

每年 8 月初舉辦的 Boat Show 也是不可錯過的展覽之一，它就以達令港為展出場地。

Ilotopie 的著名戲碼 Water Fools，其魔幻之處便是以水上作為場景，戲碼巧妙的將舞臺架設於水上，達令港自然而然地成為演出場地的一時之選。

最重要的是像 Ilotopie 這樣的國際級表演是免費的，當你造訪雪梨時如果又遇見該團體在達令港表演，你千萬不能錯過它！

達令港的活動在 一年四季中從不間斷，尤以夏季為最，而且受邀演出的團體也都是鼎鼎有名的，例如法國的水上表演團體 Ilotopie 便曾在達令港演出過。

儘管達令港的活動不勝枚舉，但是在繽紛的活動中，以 10 月所舉辦的 Darling Harbour Festiva 最具有看頭，這個活動邀集了許多拉丁舞者前來雪梨獻藝，其中有西班牙、墨西哥、巴西、古巴及其他南美國家的舞者等，所表演的舞蹈則有 salsa、tango、flamenco 與 samba 等，所邀集的樂隊大抵也來自這些國家及地區，在活動舉辦的同時，有另外一項重頭戲在達令港附近的 Tumbalong 公園草地上一併舉行，那便是拉丁美食展，因此這項活動可以說是兼具力與美、視覺與味覺的大型活動。

達令港的街頭藝人表演。

Darling Harbour Festiva

達令港的官網為 http://www.darlingharbour.com，Darling Harbour Festiva 的活動訊息也在其中。

達令港為一處綜合的場域，相當適合孩童遊憩。

達令港即景。

達令港的轉型相當成功，它已由商業貿易蛻變成為觀光文化的要角。

雪梨輕軌列車

　　前往達令港最便捷的交通工具應該是雪梨輕軌列車（Sydney Light Rail），可以從中央車站搭乘，然後在 Darling Harbour 下車。雪梨輕軌列車的官網如下：http://www.sydneylightrail.transport.nsw.gov.au/

交通資訊

　　其實步行到達令港是我的日常活動之一，建議不妨從中央車站或是雪梨歌劇院漫步至達令港，除了有益身心之外，還可一路飽覽雪梨市的風光。

除了休閒娛樂的功能之外，達令港區域的教育類場館其實也不少，其中最為著名的就屬澳洲國立航海博物館與動力博物館，以下簡介這兩座著名的博物館。

澳洲國立航海博物館

澳洲以航海立國，四面環海的澳洲也擁有極為豐富的海洋資源，航海博物館成立的宗旨就是在介紹澳洲所具備的海洋特質，除了海洋資源之外，澳洲海軍的歷史介紹也是該館的一個亮點，此外，該館也強調澳洲人在游泳運動項目上的世界級成就。

航海博物館的規劃以船隻的結構作為藍圖，每一層設計都刻意營造出甲板的感覺，並以軍事、貿易、娛樂、運動、原住民等項目為區分，目的在於讓大眾理解航海在各個層面的意義。館內也有許多船隻模型，很多在澳洲航海史上揚名的船隻模型都在館內陳列，此外還有一架真實的直昇機與燈塔探照燈。

與澳洲其他博物館一樣，航海博物館也提供許多教育課程，還有一座由澳盛銀行（ANZ）所贊助的劇場，所放映的影片皆與航海相關，館內的商店所販賣的東西也都與航海有關，其中包括澳洲皇家海軍各級軍艦的介紹圖鑑。

澳洲國立航海博物館應該是雪梨市內最容易找到的博物館，因為在皮爾蒙特鐵橋上漫步時就會看見它，即使是從另一個方向進入達令港，也很容易找到航海博物館，它的特色之一是館前停泊了退役的潛艦與軍艦。

澳洲國立航海博物館

　　開放時間為每日的早上 9 點半到下午 5 點，一般參觀為免費，但是館方所規劃的活動則須付費，例如進入潛艦與軍艦參觀，或是欣賞館方所提供的 3D 電影就需要另外付費，官網為 http://www.anmm.gov.au/

澳洲國立航海博物館的進場方式也有著濃厚的海洋風格。

澳洲國立航海博物館前的兩艘艦艇是最重要的典藏。

動力博物館

　　動力博物館成立的目的在於以生動的方式介紹科學與科技，並將科學與藝術結合在一起，其活潑的主題與新穎的互動式設計讓許多孩童樂此不疲。

　　於 1988 年開幕的動力博物館規模很大，面積達 2,000 平方公尺，相當於三個標準的足球場大小，該館的收藏來自於國內外，其展出內容大致分為科學、科技、設計、運輸、音樂等幾大項，其中還包含中國的樂器、日本的刀劍等。

　　博物館內的設施則包括觸控式電腦螢幕、3D 劇場、專人導覽等，該館的展出在澳洲的博物館界中算是相當有創意的，它的四大常設展館為科學實驗館（Experimentations），用許多簡明的方法闡述日常生活中的科學原理；太空館（Space）介紹人類征服太空的載具及設備等；火星館（Mars Yard）介紹人類探測火星的概況；運輸館（Transport）則介紹交通工具的演進史，其中有許多經典的蒸汽火車頭，這個展館經常是許多孩童流連忘返的地方。

動力博物館位於哈里斯街（Harris Street）上，從達令港步行約 20 分鐘可抵達，它屬於應用藝術與科學博物館（Museum of Applied Arts and Sciences，MAAS）的成員之一，另外兩個成員為雪梨天文台（Sydney Observatory）及博物館探索中心（Museums Discovery Centre，MDC）。

動力博物館

　　動力博物館一共有五層樓，需要較長的時間參觀，其開放時間是每日早上 10 點到下午 5 點，聖誕節則不開放，門票是成人 15 元，學生 8 元，官網為 https://maas.museum/powerhouse-museum/

7 雪梨公車博物館

　　對於喜歡研究汽車造型的讀者而言，雪梨公車博物館（Sydney Bus Museum）是絕對不能錯過的地方，儘管雪梨有許多博物館，但是公車博物館卻是獨樹一幟，在那裡你可以看盡一百多年來的公車演進，研究一百多年來的設計美感與機械構造。

　　走一趟雪梨公車博物館就能一窺公車設計的堂奧，它提供了一個處所讓您徜徉其間，對於一個就讀工業設計或是商業設計的學生而言，該館可以稱得上是一座寶山，因為其收藏從 1920 年代一直到當代，且館方對於每一輛車均有詳細的檔案資料。

　　雪梨市政府將淘汰不用的老公車交予雪梨公車博物館處理，而館方將某些公車維修至堪用狀態後再賣給民間的公司，若你在雪梨市內看見 Party Bus（這是個很有創意的概念），那些公車其實都是從雪梨公車博物館所購得的。

公車博物館中陳列的老公車。

公車博物館外陳列的公車，這些公車都是從雪梨市公車處所淘汰下來的老車。

公車博物館中陳列的老油罐車。

公車博物館中所陳列的汽車機械結構。

儘管雪梨公車博物館的外觀不見得顯眼，但是其館藏卻很有看頭。

　　雪梨公車博物館由 Sydney Bus & Truck Museum Limited 所經營，讀者們從中就能看出它的館藏其實不只有公車，還有卡車及其他車種的展示，然而由於館藏中的公車是大宗，因此雪梨當地人都稱其為公車博物館。

　　經營雪梨公車博物館的單位雖然是一家公司，但它卻是道道地地的非營利組織，在其中工作的員工全都是不支薪的義務人員。公車博物館以慈善組織的型態存在著，其工作人員泰半都是從雪梨公車相關事業所退休下來的員工，不過當然也有熱愛汽車的人投入其中，澳洲政府除了提供免費的土地與廠房之外，並無其餘財政上的支助。

　　雪梨公車博物館位於 Tempe 區的舊址其實是於 1912 年落成啟用的車站，但有趣的是它原為電車總站，電車（tram）在 1950 年代之前是雪梨市的主要大眾交通工具，一直到 1957 年，位於 Tempe 區的電車總站才轉變成公車站，到了 1992 年這個公車站被正式改成了公車維修廠，而公車博物館則於 1986 年便已成立，因其規模逐漸擴大目前遷至萊卡特區（Leichhardt）。

　　既然雪梨公車博物館是非營利組織，那麼它的收入從何而來？又如何得以經營下去呢？根據館方的說

雪梨公車博物館的義務工作人員。

明，它的財源來自於民間贊助及門票販售，該館透過車輛租賃（例如電視劇與電影的拍攝）也獲得了一些金錢上的挹注。公車博物館的目標以教育為主，例如每年澳洲國慶日時該館便會參與其中，除了國慶日之外，該館也參與許多市政府及社區的節慶活動，澳洲國慶日則是最為人所熟知的贊助項目，館方表示當日的開銷由汽車保險公司 NRMA 所提供。

　　雪梨公車博物館是澳洲極少數以大眾交通工具為主題的博物館，另一個類似的博物館是雪梨電車博物館，在公車博物館開放期間都有老公車遊市區的服務，因為它的宗旨之一便是在創造一座活的博物館。目前雪梨公車博物館的館藏車輛超過 70 輛，其中有許多車輛仍在可用的狀態，這些車輛中最老的公車可以追朔到 1924 年的 Ruggles，而最老的卡車更可以追朔到 1914 年的 Leyland RAF，最新的公車則是一輛 1983 年的賓士（Mercedes Benz）公車，而最新的卡車是 1975 年的 Leyland Buffalo。

　　由於澳洲與英國及美國的密切關係，因此館藏中的車輛多數是英、美系統的車輛，逛一圈雪梨公車博物館就能大致上了解英、美體系的汽車設計如何演變，以下就該館收藏的各種車輛擇要予以介紹說明。

車輛型號：Leyland Titan OPD2/1
生產廠商：英國 Leyland Motors Ltd.
生產年分：1947
除役年分：1972

這輛車是雪梨公車博物館的當家花旦，它除了負責博物館的市區遊服務之外，在許多重要節慶中都擔綱演出。

車輛型號：Ruggles
生產廠商：美國 Ruggles Motor Truck Co.
生產年分：1924
除役年分：1946

這型公車是雪梨公車博物館的另一個鎮館之寶，它的車齡悠久，至今已經有 90 多年了。1920 年代曾經是澳洲私人公車營運的黃金年代，因此美國的許多汽車公司都將澳洲視為一塊銷售大餅，當時許多的美國汽車公司往往將最新的汽車款式銷往澳洲，這款公車便是其中一例，它的木造車身實際上是在澳洲打造的，擁有 22 個座位的車廂有著非常典雅的造型，車況堪稱完好的它可供人們進入內部參觀，其內部與現代的公車大異其趣，包括它的座位安排形式與木質打造的車身，這輛懷舊的公車稱得上是孩子們的最愛。

車輛型號：Dennis Lancet II
生產廠商：英國 Leyland Motors Ltd.
生產年分：1938
除役年分：1958

這是典型「半駕駛室（half cab）」設計的單層英國公車，這種設計的公車擁有隔離式的駕駛座，司機可以在與乘客隔離的狀態下駕駛公車。

這型車輛擁有 34 個座位，館中的這輛公車已經有 80 年歷史，目前仍在可使用範圍，類似的公車有許多款，由於這個系列的公車使用相同的底盤，因此易於大量製造，但是在二次大戰後，這型公車的零件便難以取得，這也導致日後維修的困難，館方表示零件的來源很有限，為了維修車輛甚至得重新製造某些零件。

這車輛的顏色塗裝最早出現在 1938 年的雪梨公車上，值得一提的是 444 的編號是該車的特定號碼，這路公車原來在雪梨是不存在的（現在已成為實際的路線編號），雪梨公車博物館所屬的車輛都有一個絕無僅有的編號，這個編號是讓警方及其他相關單位辨別用的。

車輛型號：Bedford m/o 100
生產廠商：英國 Bedford Vehicles
生產年分：1957
除役年分：1976

　　這型公車活躍在 1950 年代晚期至 1970 年代中期的雪梨，其設計的特點是引擎室在車身的最前方，還有一個從外觀上看不出來的特點──它的車身骨架是木製的。

　　Bedford 雖然是一家英國公司，但是當時澳洲也透過授權的方式，自己在澳洲生產許多 Bedford 公車，雪梨公車博物館在 1986 年購入此車後，由於零件取得的困難，一共花了三年的時間將它回復到堪用狀態，這輛車曾經出現在許多澳洲的電影及電視劇中。

車輛型號：London Transport AEC
　　　　　Routemaster RM1708
生產廠商：英國 Park Royal Vehicles
生產年分：1963
除役年分：1988

　　這型公車從 1958 至 1968 年間共生產了 2,876 輛，它已經成為倫敦經典的代表，倫敦市政府至今仍以觀光的用途在使用著，但儘管產量驚人，這倫敦著名的公車在澳洲卻是唯一的一輛。這輛公車從倫敦退休之後，先是被西澳的某業主購得，1998 年雪梨公車博物館才從該業主手中買入這輛公車，這輛車也是公車博物館的臺柱之一，澳洲國慶日它必定會現身。

車輛型號：Chevrolet CMP Blitz Table Top
生產廠商：美國 Chevrolet

生產年分：1943
除役年分：1974

　　這輛車乍看之下很像是二次大戰中的英軍軍卡，實際上它也的確是軍卡，但卻不屬於英軍所有，館中的這輛車原屬於加拿大陸軍，其編號為 Chevrolet C15 4×4，是一輛軍用四輪傳動卡車，當時這型車輛被大量製造並且作為通用軍卡使用，因此它也擁有許多姊妹車款。

　　在二次大戰期間，這型車輛有少數是由澳洲所製造的，由於它的性能十分可靠、有著優越的表現，因此戰後被繼續使用，部分甚至被改成了公車，目前這輛車依舊在可操作的狀況，我們可以從這輛車的造型去審視二次大戰中的卡車設計風格，大體而言，盟軍所使用的軍卡造型與這款車輛類似，一般較為方正，而德軍所使用的福斯軍卡則有著幾乎完全不同的設計思維，比較具有弧度。

車輛型號：Leyland Tiger OPS4/1
生產廠商：英國 Leyland Motors Ltd.
生產年分：1949
除役年分：1974

　　這款車型是車輛救濟車，它的身世頗為曲折，最初在墨爾本服務時是輛公車，但在墨爾本電車投入營運之後，此類公車便被封存，1956 年奧運舉辦期間它曾短暫復出江湖，但在奧運結束之後又被封存，然後輾轉被售至澳洲西部的首府柏斯（Perth），當它功成身退後被改成了救濟車，其任務是拖吊故障的車輛，因此在造型上便顯得有趣，融合了原來的公車造型，卻又加入工程車的基因，這輛複合車在館內也受到許多注目。

車輛型號：Vespa Mailster Van
生產廠商：義大利 Piaggio
生產年分：1963
除役年分：1967

　　這輛車的珍貴之處在於它原來屬於澳洲郵政部（現為澳洲郵政公司）所有，於 2005 年捐贈給雪梨公車博物館，澳洲郵政的顏色是紅色，因此所屬的車輛也一律都是紅色的。這輛車也是澳洲境內少數官方所使用的義大利製交通工具，其可愛的造型從今日的眼光看來依然生動活潑，如果您看過電影〈羅馬假期〉，應該對這輛車感到似曾相識，電影中的奧黛莉赫本曾經迷迷糊糊的搭上這種運貨用的三輪車。

雪梨公車博物館

　　一如前文所述，雪梨公車博物館所標榜的是一座活的博物館，該館於開放日皆有免費搭乘老公車的活動，凡是持有當日門票者都能自由參加這個活動，繞行的範圍介於公車博物館至 CBD 的 QVB 購物中心之間，來回需時半小時，若是遇到節慶活動，發車頻率則會更高。

官網：https://www.sydneybusmuseum.info/

地址：Old Leichhardt Tramshed
　　　25 Derbyshire Road
　　　Leichhardt NSW 2040

開放時間：每月的第一及第三個週日早上
　　　　　10 點至下午 4 點。

門票：成人 15 元，孩童及學生 10 元，家庭票（兩位成人與兩位孩童）35元。

交通：從雪梨市中心可以搭乘 440、444、445 或 m10 路公車至萊卡特區（Leichhardt）的 Norton St，然後再沿著 William St 走一小段路即可抵達公車博物館；若是搭乘輕軌列車則在 Leichhardt North 站下車，然後沿著 City West Link 走一小段路即可抵達博物館。

停駐在博物館的 Leyland Titan OPD2/1 同型公車。

8 雪梨電車博物館

電車博物館（Sydney Tramway Museum）館區內行駛的電車，其終站在 Sutherland 火車站附近，有趣的是該款電車是日本仙台市的舊電車（編號1054），仙台市於 1976 年廢除電車，之後該車被轉贈至雪梨電車博物館。

　　雪梨其實還是有電車的，但是現今的電車是以觀光用途而存在，它對於雪梨市民的意義並不夠深刻，而且其運轉範圍也遠遠不及當年。現今的雪梨電車，其營運路線僅限於雪梨市中心與達令港之間，另外有一路線的電車運轉於市中心與附近 15 分鐘車程內的區域。

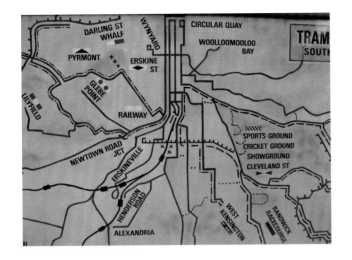

澳洲過去曾經是電車的天堂，但是如今只剩下墨爾本（Melbourne）及阿德雷德（Adelaide）的電車仍舊營運著，其餘諸如布里斯本（Brisbane）與其他小市鎮的電車都已經從歷史上消失了。從電車博物館內展覽廳中所陳列的電車行駛路線圖中，可以想見當時的雪梨電車規模有多龐大，從環形碼頭搭乘電車幾乎可以到達雪梨的各個地區。

　　當年的雪梨電車可說是叱吒風雲，它的營運範圍遍及整個雪梨市，事實上現在雪梨市的公車及火車營運路線，在過去基本上都是由電車所包辦。在這裡還要強調的一點是雪梨並沒有所謂的捷運系統，火車（train）即是她的捷運系統，因此您可以藉由搭乘火車貫穿整個雪梨市，也可以藉由搭乘火車到附近的市鎮去。

簡短的雪梨電車史

　　雪梨市是澳洲第一座使用路面軌道車（tram）的城市，但有趣的是雪梨最早的路面軌道車其實是由馬匹所牽動的，在 1861 年時，雪梨的路面軌道車從市中心營運到環形碼頭，即現在雪梨歌劇院的所在地，一開始這種由馬匹拖曳的軌道車設置便以輔助火車營運為出發點，因此無論在路線上或是設計上都存在著與火車互相折衷的影子，而且其功能有限。

　　到了 1879 年，蒸氣軌道車首次在雪梨市營運，由於這種蒸氣車的功能比馬匹強大太多，加上其設計符合城市需求，因此擴展的相當快。這種蒸氣軌道車由一輛蒸氣車頭牽引一到兩節車廂所組成，在形式上

其實有點像是迷你火車,雪梨的蒸汽軌道車在酬載量上高過當時墨爾本的同類型系統,但其班次卻不如墨爾本的路面軌道車來得頻繁。

雪梨的蒸氣軌道車目前僅存三輛,其中一輛存放在雪梨的動力博物館,有趣的是動力博物館在過去也曾經是雪梨電車的重要機庫與轉運站。由於雪梨的地形特殊,被無數個海灣所切割,某些地區的地形十分陡峭,因此當年的蒸氣軌道車及之後的電車因地制宜的出現了許多獨立的系統,只是在城市的演進中,這些軌道都已經被歷史給淹沒了。

雪梨殘存的電車目前被收藏於雪梨電車博物館裡,該博物館也是唯一可以探索雪梨電車歷史的地方,雪梨的電車又被區分為許多等級,例如 C、D、E、F、J、K、L、N、O、P、R 等系列,圖中為 J 系列電車。

雪梨電車在 1933 年達到它的最高峰,當時在雪梨市區營運的電車軌道便長達 290 公里,這個規模也是全澳洲最大的,然而由於雪梨市的電車系統因地制宜的採取了不同的樣式,這在全盛期是一個很有趣的特色,但是在其開始蕭條時,卻成為一個關閉它的絕佳藉口。

雪梨市政府從 1939 年開始逐步地結束電車的營運,到了 1957 年,雪梨主要的軌道電車系統就已經被關閉始盡,而且僅僅在一夜之間,那些電車軌道便被

填平了。許多歷史學者質疑當時有官商勾結的弊端，因為在同一時期內，雪梨的許多古典建築也因為都市更新的理由遭到拆除，這是雪梨城市發展的一大浩劫，相較於雪梨而言，墨爾本在這方面則有過人之處，而這兩個城市的發展最終也演變成文化上的對抗。

雪梨最為經典的 O 系列電車，該車於 1911 出廠，1955 年退役，曾經廣泛地運用於雪梨的各電車路線上。

　　到了 1961 年，雪梨的最後一條電車路線被拆除，有著百年歷史的雪梨電車就此走進了人們的記憶裡。有趣的是幾年之後雪梨市政府便後悔當初的決定，因為他們發現汽車無法完全取代電車的功能，而現今的觀光電車便是在這種後悔中重新建立的計畫，只不過這觀光列車的功能完全無法與當年的電車同日而語。

電車博物館的成立

　　當雪梨市草率地決定廢棄電車時，一群有志之士也同時於南方的 Loftus 火車站附近成立了雪梨電車博物館，這個博物館的地點之所以選擇在 Loftus 火車站附近是因為那裡有著一條經典的國家公園路線，他們將那條通往國家公園的軌道搶救回來，並且以雪梨市報廢的電車復駛該路線。

雪梨電車博物館的經
營模式與雪梨公車博
物館類似，兩者在歷
史的情懷上也有相似
之處，兩者的典藏也
同樣令人感到欣喜。

雪梨電車博物館於 1957 年正式運作，博物館的
館址過去就是電車的機庫，一直到今日該博物館仍舊
以非營利組織的形式經營，這點與雪梨公車博物館是
一樣的，有趣的是公車博物館位於 Tempe 區的舊址在
過去也是電車的機庫。

博物館的電車運行路線

雪梨電車博物館位於雪梨南方的 Loftus 區，那裡
恰好與皇家國家公園（Royal National Park）接壤，而
該館的重頭戲便是搭乘老舊電車往國家公園去，如果
您計畫造訪電車博物館，建議您搭乘火車前往，如此
您將能體驗到兩種不同的軌道交通工具。

您可以在雪梨的中央車站搭乘往 Waterfall 方向
的列車，然後在 Loftus 站下車，車程約 35 分鐘，該
列車的班次極多，雪梨電車博物館就在 Loftus 站的旁
邊，兩者相隔不到 100 公尺，兩相對照之下，您也可
以體會過去與現代的雪梨有著多麼大的差異。

雪梨電車博物館的館區電車運行里程大約是 3.5
公里，這 3.5 公里的運行路線通過了小片森林，與當

博物館的電車運行路線

年的雪梨電車是一樣的，所以當我說雪梨是個鄉間的城市時，我所說的並不僅是感覺，而是實際上雪梨的鄉間多過於城市。博物館的館區電車運行終點與雪梨南方的主要火車站 Sutherland 站很接近，該館的計畫是將電車運行路線延伸至 Sutherland 站，並且直達該站的商業購物中心，如此一來該電車路線將更具有吸引力。

其實在館區內運行的電車只是小戲碼，真正的壓軸是駛向國家公園的電車路線，這條被稱之為 Parklink 的電車路線，其可貴之處是將電車駛進了國家公園，儘管里程並不算長，但是其意義不言而喻，當年的火車也是行駛相同的路線，雖然火車已經荒廢了，不過這段極有價值的路線，在各方有心人士的奔走下幸運的被保留下來，只是火車換成了電車。

搭乘 Parklink 路線的電車可以直接通往皇家國家公園，其中的景色相當富有澳洲氣息，這條路線的電車於博物館開放日行駛，首班車 10:15 發車，每小時一班車，來回票成人 6 元、孩童／優待票 4 元，單程票成人 4 元、孩童／優待票 3 元。

一覽過去的老雪梨

雪梨電車博物館是一座死的博物館，因為它所陳列的物件一如大多數博物館，同樣是一種歷史陳跡，然而它也是一座活的博物館，因為它讓陳跡繼續過去的輝煌，這點又與雪梨公車博物館類似，因為該館的老公車也會在開放日復駛，而且在澳洲國慶日及其他慶典中，那些老公車都會活躍於雪梨的路面上，每當復駛之際，總會吸引許多人的目光。

儘管電車博物館在地利上不如公車博物館，畢竟雪梨的電車軌道都已經如數拆除了，即使他們有心，

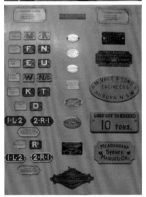

↑ 館內陳列的電車交通號誌燈。
↓ 電車上的鐵牌也被如實地展示著。

卻沒那個條件，然而這也是雪梨電車博物館吸引人的主因，保留雪梨的電車遠比公車更加不容易，當雪梨電車逐漸式微時，館方將 1907～1973 年間豎立在雪梨市中心的電車候車站於館內成功復原，而博物館的入口還有一座過去的電車候車亭，因為這些古典建築，雪梨電車博物館在氛圍上要比公車博物館華麗許多。

↑ 雪梨電車博物館的展覽廳（display hall）中展示了許多澳洲的老電車，其中還包括一輛運送囚犯的電車，該車的編號為 948，於 1909 年打造完成，在 1950 年退休，其功能是將囚犯從 Long Bay 監獄押解至 Darlinghurst 法院。展覽廳中也掛滿了雪梨的老照片，尤其是電車時代裡的老雪梨，走一趟雪梨電車博物館，您便能體會當時的古典雪梨其實也充滿了宮崎駿式的浪漫。
↓ 館內展覽廳中陳列的德國電車，此外，館中尚有美國舊金山、德國柏林與慕尼黑、日本仙台等地，以及澳洲本土各地的電車。

↑ 防止電車倒入港口的裝置，這種裝置即是前文中所提到的因地制宜系統，它有個綽號叫做 Dummy，當年被用於 Balmain 區，該區曾經是雪梨造船業的集中地。
↓ 館區內的紀念品商店也是由一輛電車所改裝的。

雪梨電車博物館

官網：https://www.sydneytramwaymuseum.com.au/
館址：Cnr Rawson Avenue（Old Princes Highway）& Pitt street, Loftus NSW 2232

開放時間：每週三 10:00 ～ 15:00，週日及公共假期（聖誕節假期除外）10:00 ～ 17:00。
門票：成人 18 元，孩童 10 元（5 歲以下免費），優待票 12 元，家庭票 46 元（兩位成人與兩位孩童，若是孩童人數超過兩位不另外收費）。

雪梨電車博物館與雪梨公車博物館一樣以非營利形式經營，其門票含參觀展覽廳及無限次搭乘館區電車的費用，此外，也包含使用館區內烤肉設施與其他戶外活動設施的費用。（澳洲人喜歡烤肉，因此許多地方都備有供電的烤肉爐，對於喜歡野餐的人而言，澳洲的公共設施堪稱十分完備。）博物館內還有一家販賣紀念品的商店。

電車博物館於每週三、週日及公共假期開放參觀，此外，在澳洲的學校假期裡該館每日開放。（這裡所指的學校假期為中、小學的假期，南、北半球的季節恰好相反，澳洲的學校假期與臺灣略有差異，例如1月的第二及第三週是他們的學校假期。）館區電車於博物館開放日營運，運行時間至閉館前30分鐘，若是您想搭乘經典的國家公園電車，首班車於10:15出發，每小時一班車。

電車博物館也接受學校、團體的預約，或是婚紗、電影拍攝的場地及電車租借等不一而足，這點也與公車博物館一樣。除了導盲犬之外，電車博物館並不准許動物進入，同時該館也是一個無障礙空間，這與百年前的電車設計互相輝映，在當時就已經考慮到殘障人士的不便之處了。

電車時代的停車木柱看來十分有趣。

行駛於館區到 Sutherland 火車站附近的 O 系列電車，車上的館方義工正在調度電車方向。

館區內的車庫一隅。

I REMEMBER WHEN

S JUST A CITY

9 雪梨之窗

雪梨的櫥窗往往也反映著當下的時尚感。

若說透過櫥窗可以了解一座城市的時尚,那麼雪梨的時尚應該是多采多姿的,這不僅與她身為澳洲第一大城的地位有關,也與她多元豐富的個性有關。她的多元根植於向世界開放的移民政策,因為移民的湧入,許多不同的文化便在雪梨落地生根,這其中主要包含亞洲、歐洲及印度等文化,多重文化交織而成的雪梨,已經成為一股時尚的勢力。

↑ 小義大利區的一扇窗。
↓ 植物園的一扇窗映著雪梨
塔。

　　雪梨的各大學普遍都有服裝設計的系所，雪梨科
技大學算是箇中翹楚，其設計實力在政府的大力支持
下開花結果，而那些來自於不同文化背景的年輕學生
們所設計出來的作品，往往也帶有異國風情的調調。

　　若非親炙雪梨，否則一般人難以領略她在南半球
雄霸一方的創意；若非親炙雪梨，否則一般人也難以
理解她已經成為另一個紐約。若要瞭解雪梨的文化，
最簡便的手法就是觀看她的櫥窗，不管是精品名店或
是尋常店家的櫥窗，在雪梨它們擁有一樣的可看性，
而透過觀看我們就能夠得到啟發。

　　一般而言，西方國家的商店櫥窗與我們有著明顯的不同，倒不是說形式與設計有多大的出入，而是他們的整體概念比我們要更精緻一些。對於我們而言，櫥窗似乎只是個展示商品的空間；但對於西方國家而言，櫥窗往往是該商店內在意識形態的體現。此外，西方國家的櫥窗風景在晚間猶勝於白晝，當夜晚降臨後往往才是觀賞櫥窗的最佳時刻，在燈光的投射下，那些商品更具吸引力，英語中便有「window shopping」的說法，這與我們的習慣大相逕庭。

猶如歐洲人喜歡裝飾自家窗檯一般，澳洲人對於櫥窗的講究一點也不落後於古老的歐洲，雪梨的商家們利用櫥窗去演繹他們對於時尚的看法，那些精品名牌尤其重視櫥窗的規劃，若深入去觀察它們的櫥窗，我們會了解一個精品之所以成功，與其注重細節的程度絕對相關，它們利用櫥窗去說明品牌的價值，櫥窗對於它們而言是一種具體而微的門面，在雪梨的市中心，各大精品店的櫥窗爭奇鬥艷、美不勝收。

雪梨的精品店大費周章地打扮自己，不過即使是尋常的商店亦不遑多讓，於是每一季推陳出新的櫥窗設計都有很高的可看性。不僅是櫥窗具有高度的可看性，雪梨路旁的廣告燈箱也能與櫥窗分庭抗禮。

澳洲零售集團 David Jones 應
景的耶誕節櫥窗。

每年耶誕節前到隔年元月的購物旺季是雪梨櫥窗
展示的盛會，因為文化上的多元，雪梨的耶誕櫥窗也
自然而然地融入了東、西方的特色。由於是年度的購
物季節，因此商家們無不絞盡腦汁地設計櫥窗，他們
運用了各種元素去排列組合，其目的只有一個──吸
引消費者的注意，進而達到銷售的目的。

王謝堂前燕

雪梨的精品名店是南半球時尚趨勢的重要的指
標，但是一如前述，許多一般商家的櫥窗巧思亦不容
小覷，以下都是我蜇居雪梨時所看到的櫥窗經典，在
這裡我姑且以「王謝堂前燕」與「尋常百姓家」作為
其間的區分，王謝堂前燕的豪華氣派固然引人入勝，
但是尋常百姓家的小家碧玉也有可取之處。

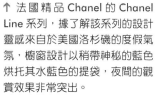

↑ 法國精品 Chanel 的 Chanel Line 系列，據了解該系列的設計靈感來自於美國洛杉磯的度假氣氛，櫥窗設計以稍帶神秘的藍色烘托其水藍色的提袋，夜間的觀賞效果非常突出。

↙ 法國精品 Hermès 以芭蕾舞為設計主軸去鋪陳當季的櫥窗。

↓ Hermès 在小櫥窗中以領巾剪影的設計去詮釋小件精品的特色。

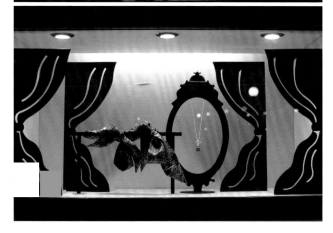

↑ 義大利精品 Versace 的櫥窗設計，其講究一致性的設計原則巧妙地讓個別的商品本身融入該系列的排列組合裡。

↓ 奧地利水晶精品 Swarovski 的櫥窗設計以對稱及平衡的原則去體現水晶的冷豔。

↑ 高檔百貨公司 David Jones 的電動展示櫥窗，每到耶誕節都會吸引許多人駐足圍觀。

↓ 澳洲百貨巨頭 David Jones 的精品櫥窗，利用人形模特兒去展示擬人劇（Tableau）的特色頗具創意。

↑ 連鎖百貨公司 David Jones 的精品展示櫥窗，其背景取材深具東方意涵，整個系列以東方基調為主去描繪屬於耶誕的豐收季節。

↓ 東方風情向來是澳洲設計界所倚重的元素之一。

↑ 義大利精品 Bally 的櫥窗設計
以簡潔的調性取勝。
↓ 法國休閒精品 Lacoste 的櫥窗
利用抽象的點描將品牌的鱷魚標
誌點綴出來，整件櫥窗設計與該
品牌的休閒走向非常吻合。

↑ 美國戶外運動用品公司 The North Face 的櫥窗設計，最可觀之處莫過於以登山背包堆疊出耶誕樹的樣子。

↓ 此外，The North Face 的櫥窗模擬冬日度假小屋中的情景也堪稱一絕。

LOUIS VUITTON

↑ 法國精品 Louis Vuitton 的櫥窗，其雲朵狀的
風格出自於英國某設計學院的學生之手。Louis
Vuitton 的櫥窗在雪梨一向具有指標性，小件精
品的擺設亦十分講究和諧之美。
↓ 義大利精品 Giorgio Armani 的櫥窗設計採冷
色調的表現。

↑ Emporio Armani 刻意描繪的
冰冷感與其黑色的主題互相輝
映。
↓ 德國品牌 Boss 的櫥窗設計在
眾多品牌中似乎略遜一籌。

↑ 英國精品 Burberry 的金屬風
櫥窗有著頗為濃厚的超現實感。
↓ 德國時裝品牌 ESCADA 的櫥
窗，大門以兩個 E 做為門把設計
也算是別出心裁。

↑ 義大利品牌 BVLGARI 的簡潔門面。
↙↘ BVLGARI 的櫥窗設計利用文字排列出品牌的名稱，連帶地介紹旗下產品。

↑ Cartier 故意不公諸於眾的作法反而引起更多的注意。
↓ 義大利精品 Prada 的櫥窗設計強調清爽的風格。

↑ ESCADA 的專賣店其實位於停車場上方，但它巧妙地融入環境，整體的效果非常好。

↗ 雪梨市某精品店的燈光秀，類似的手法 Louis Vuitton 也曾經使用過。

↓ 年輕品牌 CUE 的櫥窗廣告，其訴求對象為年輕女性，因此走的是狂野路線。

QVB 的耶誕樹—作為一個創意之城，雪梨在這方面算是煞費苦心的，耶誕樹上頭掛的水晶是由著名精品 Swarovski 所贊助的。

馬丁廣場也是雪梨的名店街，每年象徵著耶誕節慶的點燈儀式都在那裡舉行。

尋常百姓家

↑ 雖然 Myer 是名門閨秀般的跨國百貨公司，其櫥窗設計的創意卻又兼具小家碧玉的可親性。
↓ 雪梨市技職學院（TAFE）服裝系所的學生設計出來的櫥窗，作品有著濃厚的超現實氛圍，彷彿訴說著達利的超現實主義。

↑ Newtown 一家珠寶店的櫥窗展示，該區也是雪梨的設計重鎮，具有強烈的波希米亞風格。
→ Newtown 的一家阿富汗家居用品專賣店，儘管阿富汗人其實不過耶誕節，但是該商家仍使用阿富汗的素材營造出應景的溫馨色調。
↘ Newtown 的一家舊貨店，晚間的燈光使其有著一種後現代感。
↙ Newtown 的一家寵物店，有著嬉皮風格。

↑ Newtown 的一扇窗。

↙ Newtown 區的一家服飾店，其櫥窗設計儘管沒有精品名店般的貴氣，但均衡的搭配風格也使其店面的藝術感加分不少。

↓ Newtown 區專賣鈕釦的店家櫥窗，值得注意的是它將鈕釦的概念運用在整體門面設計上，從而創造出一家獨一無二的商店。

　　大體而言，雪梨的繁華之最集中於CBD，尤其是如果您偏愛逛街的話，CBD的 George Street、Market Street、Kent Street、Pitt Street、Clarence Street、York Street 及馬丁廣場等是您絕對不能錯過的聖地，因為雪梨的各大精品名店大致上都集中於該處；又如 QVB 與 Strand Arcade 這兩幢超過百年歷史的典雅購物中心亦不能錯過，因為兩者的櫥窗都非常有可看性。他山之石，可以攻錯，若有機會不妨到雪梨見識其時尚風情。

10 帕丁頓區與牛津街

帕丁頓區不僅有牛津街值得閒晃,它還有一個膾炙人口的所在—帕丁頓市集(Paddington Market)。

　　如果你停留在雪梨的時間有限而無法飽覽她的所有風貌,那麼我強烈建議你選擇帕丁頓區作為你的雪梨印象之旅,因為在這區你會看見大批美麗的維多利亞式老宅,而且帕丁頓區的老宅多半都有大花園,即使你的目的不是去逛帕丁頓區與牛津街那些藝廊或是饒富創意的商店,但光是隨興在那些大街小巷裡散步也已經是一種享受。

↑ 雖然說雪梨市內到處都是維多利亞式的老宅，但是帕丁頓區的老宅狀況最好。

↙ 帕丁頓區的維多利亞式老宅分布的範圍很廣，其中利物浦街（Liverpool Street）兩旁有許多兩層樓的排屋，非常值得一看。除了利物浦街之外，Glenmore Road、Jersey Road、Cascade Street、Paddington Street、Windsor Street 等街道都有數量龐大的維多利亞式老宅。

↓ 研究歷史的人們可以在雪梨見證光陰的刻痕，但是在倫敦、柏林、東京，這些研究歷史的人們只能憑檔案裡的泛黃照片去臆測，在某個程度來說，雪梨這座「年輕」的城市竟然比那些悠久的大城更適於考古，這或許是歷史的偶然。

我每次造訪帕丁頓區不單只是去逛藝廊，其實主要的目的是去看看那些久違的美麗豪宅，不像倫敦曾經遭遇戰火的洗禮，東京曾經被轟炸過，柏林曾經被一分為二，雪梨不曾經歷過任何戰爭，於是每一幢建築都好端端的樹立著它們的歷史，比如門楣上的 1886，或是門樓上的 1893，這是雪梨的編年史，而倫敦、東京、柏林這些大城的編年史已經亡佚。

　　牛津街是帕丁頓區的重心所在，英國倫敦的牛津街是精品店集中的區域，倫敦人也習慣稱倫敦的牛津街為 high street，這裡指的不僅是它的品味高，相對的價格也很高。相較於英國倫敦，雪梨的牛津街就顯得平易近人多了，那裡雖然有價格昂貴的精品店，但是更多的是創意商店與藝廊等。

帕丁頓區的市政廳本身就是一幢歷史建築物。

↑ 帕丁頓區的藝廊也是從牛津街開始延伸，有些藝廊藏於牛津街的小巷裡。
↓ 我也非常喜歡逛市集，因為市集裡總有一些東西讓我感到興趣，而市集內的攤販往往也會讓您眼睛為之一亮。

　　住在雪梨的優雅之處有一部分來自於她的市集，她不像倫敦一般擁有龐大的二手市場，取而代之的是她化整為零地將市集散布到市區的各個角落裡。雪梨的週末市集十分興盛，在雪梨市內大大小小的週末市集約莫就有十幾個，雪梨的市集規模雖然較倫敦的為小，但是因為數眾多，加上許多也饒富特色，所以市集成了雪梨的一大特色，每至週末逛市集成了雪梨人與遊客最愛的活動。

帕丁頓市集是全雪梨功能最齊備的週末市集，每週六從早上 9 點左右一直到下午 4、5 點。

帕丁頓市集也販售許多的攝影作品，那些攝影作品大都以雪梨市的風景為主。

　　雪梨市集裡所販賣的商品有些非常有創意，我就曾在一些雪梨市集中發現澳洲設計師所設計的燈罩，這些設計運用了造型原理，燈罩本身幾乎就是大學設計科系的學生所能參考的最佳範例。

　　澳洲政府重視設計，因此某些創意產品會打上 Design in Australia 的字樣，這種作法不僅提昇了產品的價值，無形中也讓澳洲設計深入人心。在雪梨的諸多週末市集裡，以帕丁頓市集的知名度最高，如果你停留在雪梨的時間有限，而又想看看雪梨庶民的一面，那麼我也強烈建議你選擇帕丁頓市集作為你的市集之旅。

　　帕丁頓市集有一個特別的地方是它的功能很齊全，當你逛累了，可以在大陸人經營的按摩攤位上放鬆筋骨，當你餓的時候，市集的角落也有許多販賣

始於 1973 年的帕丁頓市集從 Paddington Village 的聖約翰聯合教堂（St John's Uniting Church）附近開始，攤販們就以教堂為中心展開，攤販的種類繁多，但是大致集中於手工藝品、手飾配件、手工香皂、木工及金屬工藝品的販售。

熟食的攤販，那裡有許多泰國燒烤及日本壽司可供你選擇，最特別的應該是帕丁頓市集裡還有以塔羅牌幫你算命的小販，這些算命的小販在其他市集是見不到的，因此你可以在那裡消磨整個下午，其他的市集在這方面便難望其項背。我每次去帕丁頓市集總是一整天的事情，因為我以為那裡有著英倫的遺風，但又混雜著澳洲的新意，在那裡閒晃總是有一種雙重的領悟。

帕丁頓市集

這個網站相當實用，舉凡交通或是購物都有詳盡的介紹，網址為 http://www.paddingtonmarkets.com.au

Max Brenner
知名的連鎖巧克力店。
官網：http://www.maxbrenner.com.au
臉書：https://www.facebook.com/
　　　Max-Brenner-Chocolate-Bar-
　　　Paddington-165249850164828/

Sparkle Cupcakery
知名的杯子蛋糕店。
官網：https://sparklecupcakery.com.au/
臉書：https://www.facebook.com/
　　　SparkleCupcakery/

某個逛市集的男人。

我喜歡帕丁頓區還有另外一個原因，那個原因更為簡潔，我的博士研究在於探討攝影中的決定性瞬間，因此我偶爾便會到澳洲攝影中心（Australian Centre of Photography，簡稱為 ACP）報到，ACP 就在牛津街上，它的外觀雖然很不起眼，但卻是澳洲攝影界的重鎮，從那裡可以一窺澳洲攝影界的堂奧，它是澳洲首座、也是唯一以攝影為主題的國家藝廊。

在我看來，澳洲的攝影風氣十分興盛，澳洲市面上關於攝影的雜誌就有許多，若要深刻比較的話，澳洲的攝影雜誌除了介紹硬體的器材之外，也著重於美學的探討，雖然澳洲也有偏重器材及軟體的攝影雜誌，然而這些雜誌在報導上有著很大的不同，在攝影工具與攝影美學的主題之間也有明顯的分野，舉例而言，在澳洲有一份名為《Capture》的雜誌，其內容就聚焦於攝影美學與紀實的討論，當中也不乏學術級的論述，另外《Better Photography》及《Australian Photography》也同屬這類雜誌。

如果我們換個角度來看，臺、港諸多攝影雜誌泰半以攝影器材為重心而兼論旅行、微距及模特兒攝影等（模特兒攝影尤其是臺、港攝影者的最愛），有時甚至關於器材測試的部分就占了一半以上的篇幅，

牛津街上的一幅塗鴉作品。

這種現象不僅出現在平面媒體，也出現在網際網路之上。

自從數位化普及之後，每分每秒都有新的影像出現，網路的虛擬世界裡個人化的部落格與網站遍地開花，它們如藤蔓一般地攻城掠地，於是影像之於個人，僅在可取與不可取之間，意義的淪喪像是崩落的冰山，即使這些部落格與網站很多，但是論及美學與哲學的思辯卻少之又少，甚至趨近於零，它們所樂於探討者僅限於機型、地點、角度、晨昏、美女、光圈值、快門的速度，就個人而言，這種工具理性的思維謀殺了許多攝影者原本應有的創意與造詣，相較之下澳洲的攝影傳統因為承襲了歐陸的美學哲學（我當然不是在這裡指稱歐陸的美學哲學勝出，但是攝影這門美學畢竟源於西方），所以在美的意念上不至於陷入「工具理性」的迷失。

ACP作為澳洲攝影的領導教育機構，其展出內容囊括了澳洲本土及國際著名的攝影家作品，除了攝影作品之外，ACP也不定期展出前衛的媒體藝術，例如互動式的映像藝術。ACP每年也會出版許多相關的書籍，《Photofile》則是該中心出版的期刊，這份期刊目前是澳洲攝影界的重量級刊物。

澳洲攝影中心

官網：https://acp.org.au/
開放時間：週二～日 11:00 ～ 18:00。

Sherman Contemporary Art Foundation

帕丁頓區也是雪梨重要的藝廊區，這家藝廊算是牛津街一帶的重量級藝廊，之所以稱它為重量級，是因為其展出的作品都是當代澳洲最有名的藝術家創作，逛一趟這裡就知道澳洲藝術市場的概況，它的所在地剛好位於五條路相會的圓環附近，感覺上那個街頭彷彿是為了鬧中取靜而存在，它的附近還有一家酒吧。

官網：http://sherman-scaf.org.au/
地址：16–20 Goodhope Street
開放時間：週二～五 10:00 ～ 18:00，週六 11:00 ～ 18:00。

11 植物園—葵花鸚鵡與蝙蝠

　　在英國，對於松鼠的態度基本上是判斷留學生資歷深淺的指標之一，這種情形其實也出現在澳洲，只不過對象從松鼠換成了鸚鵡。剛開始寄居在雪梨時，我也會出神地看著路樹上那些紅綠相間的小鸚鵡爭鳴，我想這世上或許也只有澳洲才能看見如此的風景。

　　我從來沒有在雪梨的公園裡見過松鼠，偌大的白色葵花鸚鵡代替了灰色的松鼠，若是你見到對於葵花鸚鵡欣喜若狂的人，他們大概不外乎是外籍人士，或是資歷尚淺的留學生，抑或天生就是十分喜愛動物的人。

植物園的葵花鸚鵡有著非常和藹可親的天性。

　　初到英國的留學生總會對那些在公園裡到處亂竄的松鼠感到興趣盎然，他們總會自備花生用來吸引那些松鼠與他們親近，似乎他們未曾見過不怕人的松鼠，就好像亞熱帶的人沒見過下雪一般。但是英國的松鼠莫說不怕人，他們甚至樂得與人類親近，他們會在人類的附近張望，只要你一拿出花生，他們便會群聚在你的身旁，我倒覺得英國的松鼠就像是鳥類中的鴿子一樣，他們把人類當成是一種友善的族類，似乎人類之於牠們是絕佳的鄰居。

　　不過英國的狗跟松鼠卻是死對頭，我寄居在英國的時候，偶爾會牽著房東的狗到公園散步，只要松鼠的斥堠發現有狗正在接近，附近的那些松鼠便會倏地奔上樹梢，聽說松鼠死命奔逃的速度是每秒 20 公尺，我房東的愛犬 Dusty 最擅長的就是讓那些松鼠聞風喪

膽地奔逃，我總想阻止 Dusty 做這種蠢事，但 Dusty 總有辦法掙脫我的控制，或許是因為牠在後花園偶爾被隔鄰的貓欺負，所以便把悶氣發洩在追逐松鼠這件事情上頭。

在雪梨，我最喜歡到植物園散步，在那裡可以遠眺歌劇院的風景，天氣好的時候，歌劇院的白瓦映著陽光，耀眼的光線將歌劇院的線條隱藏在不遠不近的天際裡，因此很難見到歌劇院引以為傲的造型；雪梨港的萬千碧波閃爍，點點的帆船便在閃爍的海水裡破浪，聽說紐西蘭的奧克蘭也有這樣的海景，只是雪梨的海景似乎又比奧克蘭大氣。

我對葵花鸚鵡有一種美麗的慕名，那是因為我無法想像在一座四百萬人口的城市，可以看見這種碩大的鳥近乎無憂無慮的飛翔。

↑ 若說 CBD 是雪梨的心臟，那麼植物園就是雪梨的肺臟，而且這個肺臟遠比心臟美妙。
↓ 從植物園這個肺臟輸出的二氧化碳夾雜著微妙的古老。

　　在植物園裡你會看見龐大無比的原生植物，一開始那些關於植物學的拉丁語彙便考驗著你的英文能力，羊齒類、單生、落葉喬木等字彙一一出現，順著那些你很少接觸的言語，不管你喜不喜歡，植物園的林中小徑會接引你到亙古的氛圍裡。

　　潔白的葵花鸚鵡把植物園當作是根據地，古代的餘韻似乎也附身在牠們的身上，牠們堂而皇之的在植物園中與人類交往，彷彿人類的歷史也與牠們的歷史互相交融，於是牠們也能與人類稱兄道弟，這樣一

來從人類手中啄食麵包或是花生就不算是太意外的事件，不過，當我見到葵花鸚鵡停在陌生人手上時，偶爾還是會感到訝異，總覺得這樣的畫面帶著一點蒙太奇的錯覺。

　　植物園裡的蟲鳴鳥叫很容易就把你擲回遠古的年代，尤其是在陰霾的天氣裡，植物園裡的氤氳像是與世隔絕一般，你可能會因此忘記自己其實身在南半球的大都會雪梨，那些盤根錯節的大樹織就著時大時小的雨絲，在那灰色與黛綠色的背景裡，白色的葵花鸚鵡更容易被窺探。

↑ 植物園的葵花鸚鵡基本上是完全不怕人的。
↓ 植物園將整個雪梨帶入了遠古的洪荒。

探訪植物園的人們總記得潔白的葵花鸚鵡，不論陰晴，不管是有意或是無心，以旁觀者而言，他們的記憶裡總有白色葵花鸚鵡的片段。

葵花鸚鵡是雪梨的住客。

比起葵花鸚鵡，植物園中的蝙蝠似乎就帶著某種原罪，當人們見到成百的蝙蝠倒吊在樹梢時，總會避之唯恐不急的躲開，但是我卻愛看那些脖子圍著貂毛似的蝙蝠倒掛著。我每每訝異於那些飛翔在雪梨天際的蝙蝠，我甚至會看著牠們出神，我猜想一定有許多雪梨市民其實完全不知道在傍晚之後會有大批蝙蝠翱翔在雪梨的天空。

大多數雪梨市民對於白晝的葵花鸚鵡、海鷗、鴿子、澳洲白鷺（Ibis，一種鷺科的鳥類）、八哥、澳洲喜鵲（Magpie）等都有曾經見過的印象，因為在雪梨這些鳥類也是長住的市民之一，偶爾你就會看見頭頂有幾隻鴿子、Ibis 或八哥等倏地飛過，也會見到 Magpie 在草地上啄食，雪梨風情畫裡當然也少不了在市區廣場上群集的海鷗。

若天氣穩定，水泥叢林如海的雪梨其實瀰漫著深厚的原始底蘊，蝙蝠這種遠古孑遺的生物就是一

至於倒吊在樹梢的蝙蝠，就有意無意地被雪梨市民遺忘，或許是蝙蝠陰森的造型，或許是牠們群聚的場面駭人，也或許是出自於根深柢固的偏見，我很少在植物園裡聽見有人讚美蝙蝠的。

面原始鮮明的旗幟，我不是第一次見到蝙蝠如鴿子般地梭巡在城市的上空，早在幾年前我在柬埔寨的暹粒（Siem Reap，吳哥遺址的所在地）旅行時便見過這樣的異國風光，但是畢竟柬埔寨的暹粒有著濃厚的鄉村況味，而雪梨完全是個國際化大城。

每到黃昏，雪梨的蝙蝠就會成群結隊地從植物園裡飛出，原本我並未注意那些蝙蝠，後來我發現那些蝙蝠就像是鳥類一般，牠們似乎有不同的飛行梯次，也似乎有著某種社會科層制度，只不過牠們是在傍晚之後活動。

我曾經在住處的陽臺與雪梨的蝙蝠不期而遇，原本我一直以為牠們會特意避開人類的居所，就是這種假設反而讓這樣的偶遇更加難得，牠那優雅的飛翔姿態在黑夜裡呈現一種神秘的拖曳，就像是一道黑色的流星越過寂寥的黑幕，但是你卻看見牠的飛行軌跡。

那些樹遠看枝葉茂盛，但是等蝙蝠一飛出，卻又落得孑然一身。當蝙蝠倒掛在樹梢時，我總以為牠們彼此正在交談嬉戲，即使是在白天裡，牠們也選擇不輕易入睡，我猜想牠們的精力旺盛，畢竟晝不伏還能夜出的生物似乎不多，這或許是雪梨蝙蝠獨特的社會化演進。

入夜之前的黃昏是雪梨美麗的一瞬，那時的晚霞帶著暖烘的色澤，如鴿子一般大的蝙蝠會醒來，他們展開巨大的薄翼順著風滑翔著，就像是翼手龍復生。蝙蝠在雪梨的夜空盤據著，那時所有的鳥類紛紛稱臣，蝙蝠成了雪梨之夜的王者。入夜之後，雪梨市裡的夜行性生物也開始行動，不需要靜靜諦聽就會發現有許多意想不到的聲響從這座城市中傳出，比如酒吧裡的人聲鼎沸、大路上的狂飆汽車、帶點微醺的路人談笑、垃圾車清運廢棄物的聲響等，我總以為雪梨人其實也是夜行性的生物，他們在晚間的行為要比在白晝時亢奮許多，只不過他們是靈長類罷了，而且他們也不會飛行。

突然之間，我懷念起英國南方小城裡的狐狸，牠們於夜半或是清晨在城裡梭巡，我偶爾會見到牠們，每次與牠們的偶遇總像是小說裡那般朦朧的情節，每次與他們的照面總會讓我想起黑澤明的電影。

從植物園望去的雪梨夜色。

植物園裡也有許多人生百態。

植物園大樹下的一對戀人。

植物園也是觀察雪梨日常生活的一條重要線索。

植物園經常是活動的舉辦場地，重視家庭的澳洲人往往都是一家人一起參與活動。

澳洲人對於生活的態度往往會在草地上顯露無遺。

植物園也提供租賃的服務，許多雪梨人選擇在植物園完成終生大事。

雪梨的猶太人也不少，他們的小帽成為容易辨識的特徵。

植物園的草地向來都是沉思者的好去處，埃及國鳥 Ibis 也是植物園的常客。

植物園的 Domain 一隅。

雪梨皇家植物園

植物園是雪梨市的都市之肺,也是市民們休憩的好去處,開放的植物園裡展示了南半球的各式植物,同時它也是眺望雪梨歌劇院和雪梨大橋的最佳景點,亦是觀賞跨年煙花的絕佳之處,最重要的是它就位在雪梨市中心。

雪梨皇家植物園分為香草植物園(Herb Garden)、熱帶中心(Tropical Centre)、雪梨蕨類植物園(Sydney Fernery)、棕櫚園(Palm Grove)以及國家植物標本館(National Herbarium),其開放時間根據月份不同而有所差異,

但是也屬於植物園範圍的 Domain 則全年 24 小時開放,Domain 是一大片綠地,許多演唱會活動會選擇在那裡舉行。

月份	開放時間
4～9月	7:00～18:00
10月	7:00～19:30
11～3月	7:00～18:30
5～8月	7:00～17:30
6～7月	7:00～17:00

官網:https://www.rbgsyd.nsw.gov.au/

植物園的笑翠鳥（Laughing Kookaburra）。

園區內的公共藝術也有濃厚的植物氛圍。

12 文藝復興的午後─Badde Manors Café

Badde Manors Café 位在 Glebe Point Road 的路口，在夏日的黃昏裡，那條路特別有南歐的風情。

Glebe 距離我住的地方很近，於是到了週末我偶爾會去那裡逛逛市集，Glebe 市集的場地在平時是一座緊鄰學校的停車場，到了週六它轉身一變成為市集，除了二手貨之外，那裡還有一些手工藝品的攤位蠻吸引人的，例如手工書、手工皮帶、琉璃藝品、印度風的小首飾等。

↑ 澳洲是一個移民國家，Glebe 市集其實也精準的反映了這一特色，例如土耳其麵包與日本紙傘會同時出現。

↙ Glebe 市集中也賣二手家俱。

↓ 在澳洲的市集中往往也會提供兒童遊樂的場地。

澳洲堪稱為農場國家，因此市集中也會出現關於農村的場景。

市集中也會出現街頭賣藝人的演出。

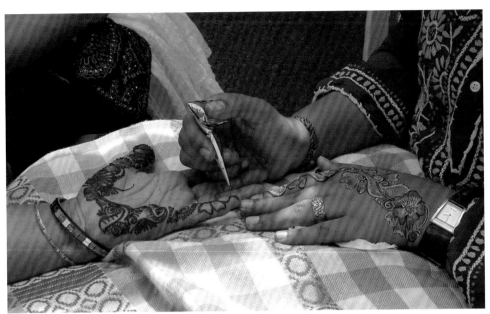

Henna 手繪紋身在 Glebe 市集中也相當受歡迎。

Glebe 市集中賣銀器的攤位。

Glebe 市集旁的街屋可看性很高，那些露天的咖啡座洋溢著屬於咖啡的芬芳，讓整條街洋溢著歐洲的風味。

Glebe 這個字讀作格利伯，不過外國人總會讀成格利比，其實 Glebe 的 e 並不發音，這大概就是惱人的英語容易讓人討厭的原因。

Badde Manors Café 剛好位在三條路的交會處，可以坐在這裡喝咖啡看風景。

比起 Leichhardt 區（小義大利），我甚至覺得 Glebe 區的南歐風情還更強烈。

　　我偶爾會去 Glebe 閒逛，也偶爾會去 Badde Manors Café 這家咖啡店喝咖啡，我不是嗜咖啡者，但卻很喜歡觀察咖啡店裡的一切，不是嗎？佛洛依德、西蒙波娃、沙特等不就經常在喝咖啡的時候冥想與交談，或許咖啡的提神作用容易導引人們進入未知的境界，而酒精的作用卻剛好相反，於是德意志帝國的鐵血宰相俾斯麥當年經常在酒館裡與人相約決鬥，但卻很少聽聞咖啡店裡會有衝突發生的，約莫咖啡店是一處讓人心靈得以澄澈與安歇之所，那醇厚的咖啡因令人保持在潛意識的清醒裡，我那幫嗜酒的朋友總喜歡說「七分醉」的理論，根據他們的理論，當七分醉的時候萬事萬物都處在一種和諧的狀態，於是眼睛所視與耳朵所聽都有一種難以想像的美感，我未曾醉過，所以無法意會他們所指為何，但我經常飲咖啡，

我了解心悸之後原本單純的思緒會頓時岔開，有時那種心悸更像是短暫的死亡，法國人稱做愛是短暫的死亡，不過我倒覺得喝咖啡之後的心悸比做愛更為短暫深刻，因為心臟不規則地跳動會讓你誤以為即將昏眩。

我偶爾到 Badde Manors Café 去坐坐，吸引我的原因不僅是那裡濃厚的 Cappuccino，更迷人的是那裡的蒙太奇，Badde Manors Café 的裡裡外外都襯著文藝復興的經典，整家店的裡裡外外都有文藝復興的軌跡。達芬奇的傑作以現代廣告的手法出現在 Badde Manors Café，這也是 Badde Manors Café 的絕妙之處，於是當你啜飲著咖啡時會有一種曼妙的記憶蒙太奇乍現，那蒙太奇太巧妙，會喚起你記憶中的許多片段，這天使我好似在哪裡見過，在歷史課本裡？在羅馬的街頭？我想起來了，那天使出現在羅馬買的明信片上，那指尖的接觸在羅馬的美術館內，我那時抬頭仰望著天堂與地獄的壁畫，那壁畫美得令人神迷。

門口的馬賽克磁磚我在義大利時也見過，後來我才知道 Badde Manors Café 真正吸引我的並非是它的咖啡，而是它的氛圍，這就應該是羅蘭巴特所說的氣氛（air），他認為氣氛是一張照片的生命所在。華特‧班哲明（Walter Benjamin）不是也提出他自己對於氛圍的概念，他認為「氛圍」是一種藝術品原作才有的特質，由於原作的單一性，作品上有著藝術家的手跡簽名，以及它在特定空間的位置，這些組合使得原作具有一種獨特的價值。在我看來 Badde Manors Café 是一種融合過的原作，就跟 Newtown 的蒙娜麗莎一樣，沒有人會把 Newtown 的蒙娜麗莎當成真跡一般地看待，路人們當然知道它只是臨摹之作，對於很多人來說，他們甚至會覺得臨摹者的手法略顯拙劣，但在那個時空裡，Newtown 的蒙娜麗莎卻也是獨一無二的，

Glebe 區的一家泰式餐廳，門面頗有創意。

這世界上再沒有第二面如此的牆壁了。Badde Manors Café 的文藝復興也是如此，它的經典片段組成了它自己在這個雪梨的獨一無二，或者該說是這世上的獨一無二，這才是它使人嚮往之處。

Badde Manors Café 一隅。

　　我去過巴黎塞納河的左岸，那裡據說全是過去的咖啡館遺蹟，那些騷人墨客曾經在那裡留下他們的氛圍，但我並沒有深刻地察覺。我只記得那時我每天不斷的踱步，從左岸到右岸，並沒有發現什麼深刻的人文風景，也許哲人早已遠走，剩下了唏噓的異鄉人。或者那不過是咖啡廣告的誤導，那咖啡廣告其實抄襲了奇士勞斯基（Kieslowski）的〈雙面薇若妮卡〉

（Double Vie de Veronique），連某位著名插畫家的作品裡也有〈雙面薇若妮卡〉的影子，因為那電影是我的最愛，因此我始終清楚地記得。

我還記得當時塞納河畔的楓葉凋零，巴黎鐵塔在疏落的光影裡搖晃迷離，聖母院彷彿成了海市蜃樓，秋天的塞納河漂流著，那些騷人墨客卻早已渺無蹤跡。我去過維也納的古典咖啡館，那裡充滿了古老的況味，咖啡與雪茄的氣息在那裡裊裊，我也曾經在倫敦、佛羅倫斯、巴塞隆納、里斯本、雅典、開羅、布拉格、冰島、東京、曼谷，那些咖啡似乎都沉著一種糾纏的況味，糾纏在歷史與當下之間，交織在異國與本地之間，那空氣時而稀薄時而濃郁，時而憂鬱時而狂喜，時而靜止時而流動。

儘管如此，Badde Manors Café 的空氣還是單純的，或許是因為我老是在那裡發呆，因此常常忘了之前在想什麼，當然更不知道接下來該想什麼，不過或許我天生就適合發呆，所以每次離開 Badde Manors Café 之後，我總有一種莫名的滿足，或許是 Badde Manors Café 的 Cappuccino 有著迷幻的成分，或者是雪梨晴朗的天氣催眠著我的神經，總之我很難確定。

Badde Manors Café

官網：http://baddemanorscafe.com.au/
臉書：https://www.facebook.com/Badde-Manors-Cafe-114311671995180/

Sappho Books and Café

這是一家二手書店，也提供咖啡與簡餐，在 Glebe 區亦享有盛名。
官網：http://www.sapphobooks.com.au/

Glebe 市集在雪梨享有高知名度，許多遊客也會慕名而來。

Glebe 市集

Glebe 市集在每週六開張，以二手貨較為出名，有點像是倫敦的二手市集，只是在規模上要小很多。

官網：http://www.glebemarkets.com.au/

交通：從中央車站步行至 Glebe 區其實僅需半小時左右，若選擇搭乘公車，431 及 433 路公車都可抵達本區。

13 雪梨的後院—巴爾梅恩

　　巴爾梅恩（Balmain）這個村落的港灣與雪梨其他的沿岸一樣泊著無數艘風帆，這個港灣一樣有著濱海游泳池，這種游泳池是澳洲的一大特色，澳洲人稱它為 Ocean Bath，其他國家少見這種游泳池邏輯。Ocean Bath 在雪梨也非常普遍，幾乎每個海濱都有這樣的游泳池，其中最有名的 Ocean Bath 應該是在邦代海灘（Bondi Beach），在我所就讀的雪梨科技大學社會人文學院裡便有一位澳洲博士生研究這個主題。

巴爾梅恩的位置就像是雪梨市的後院，它與喧囂的雪梨鬧市有一段距離，但是這距離並不遙遠，其實從市中心的 George Street 到巴爾梅恩只需要大約 15 分鐘的車程。

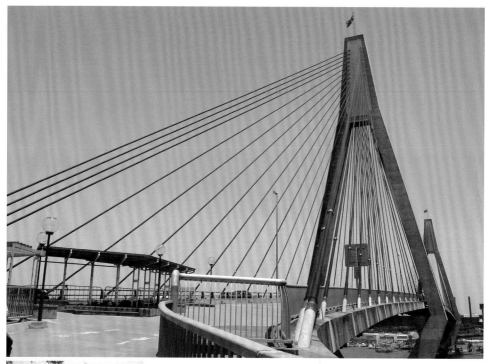

早期居住在巴爾梅恩的多半是造船業及伐木業的工人，因此巴爾梅恩的小酒館不少，最有名的酒館當屬 London Hotel，這家酒館在週末總是人滿為患。

　　即使只有 15 分鐘的車程，但是跨海的澳紐軍團大橋（ANZAC Bridge）明顯地將鬧市與後院分隔開來，橋的一邊是熙來攘往的繁華街肆，另一邊則是安靜的所在，呈現出一種恬淡幽雅的氣息，巴爾梅恩就是這樣的一個濱海村落。

　　1960 年代之後，巴爾梅恩鬧中取靜的風格吸引了許多作家、藝術工作者與演員等前來，最後連橄欖球明星都投向巴爾梅恩的懷抱，人們喜歡選擇在這裡居住並非出於偶然，與 Newtown 相比巴爾梅恩顯得恬靜。巴爾梅恩並沒有 Newtown 的波希米亞風，不過它倒是將波希米亞風內化成一種優雅，就好像是玫瑰花與鳶尾花的對照，Newtown 屬於濃烈的玫瑰花，而巴爾梅恩則屬於幽靜的鳶尾花品種，即使如此，巴爾梅恩還是兼具玫瑰的味道，Darling Street 便是巴爾梅恩的玫瑰，最熱鬧的巴爾梅恩市集也在這裡舉行。

基本上澳洲人也愛唱歌，
歌唱演出是許多雪梨市集
的基本款。

巴爾梅恩市集圍繞著當地的聖安德魯教堂，市集內以手工藝品居多，你可以在這裡找到很多手工香皂。

由於澳洲身處亞洲的邊緣，因此在文化上也受到亞洲的影響，儘管它在政治上是偏向歐美的。

雪梨這個濱海之城承載著浪花與海風的回憶，初夏的巴爾梅恩飄著淡淡的幽香，有些隱約地，連陽光都是淡淡的，它不像市中心那樣的喧囂，也不像邦代海灘（Bendi Beach）那般的擁擠、陽光灼熱，似乎它才剛從寶藍色的海水裡登陸一般，還帶著海的記憶，蒼白的珊瑚與細沙般的貝殼還裹在它的想像裡，我們不過是來與它短暫交心的。

巴爾梅恩的濱海相當悠閒，無怪乎許多雪梨人喜歡住在這一區。

我的同學曾經受託到巴爾梅恩那區幫別人看房子，她的委託人是雪梨科技大學的院長，於是因著我的同學之便，我有了機會去參觀雪梨中上階級的豪

宅，之所以稱中上階級，是因為在巴爾梅恩的大多數居民比中產階級富有，但比起真的富有階級卻又還有一段距離，雪梨真正的富豪階級基本上都住在北岸與其他的郊區，例如藍山（Blue Mountains），巴爾梅恩則介於中產與富有之間。

那天海風大，因此風景就像馬賽克般的拼貼，不遠處的小島彷彿已經飄移，葵花鸚鵡被風吹亂了，而我們的髮絲也早就亂了，都說雪梨未曾飄雪，她只是風大。後院裡還有沙鷗舞旋，早忘記原來沙鷗也是雪梨的住客，那點點的風帆搶過了牠們的風采，站在巴爾梅恩的岸邊，所有的雪梨風景在眼前搖晃著，像是B快門一般地晃著。

雪梨大大小小的海灣不少，但並非每個區都有巴爾梅恩的幽靜，那天我們順著路到了盡頭，盡頭是個小港口，有船班到雪梨其他的港灣。

巴爾梅恩市集

官網：https://www.balmainmarket.com.au/
臉書：https://www.facebook.com/balmainmarket/
交通：從市中心的QVB前搭乘442路公車可抵達本區，若是選擇從環形碼頭搭乘渡輪，則可在5號碼頭搭船。

14　雪梨的義大利—萊卡特

路德萊卡特（Ludwig Leichhardt）是澳洲著名的探險家，他在 1848 年穿越中澳內陸時失蹤，萊卡特這區就以他的姓為名，由於這區的居民主要以義大利裔居多，因此也被稱為小義大利區（Little Italy），除了義大利廣場之外，小義大利區的市政廳與郵局也值得一看。

建於 1888 年的市政廳，其建築風格屬於維多利亞式，除了 CBD 的市政廳之外，它被認為是雪梨最美的市政廳，早期的義大利移民都在此處宣誓成為澳洲公民。

與市政廳同時期的小義大利區
郵局則被歸類於維多利亞義大
利式建築。

關於萊卡特區的義大利裔居民，其歷史可追溯
至 1917 年，當年有許多義大利人移民至澳洲，原因
是躲避歐陸的烽煙與戰火，而雪梨的萊卡特則是這批
義大利人在澳洲最初的落腳處。原本萊卡特區的居民
大多是愛爾蘭裔，這些愛爾蘭人大半都是自由墾荒的
農民，到了二次大戰後，更多的義大利裔移民抵達澳
洲，小義大利區的規模也在那時候隨之擴張，1960
年代後，義大利裔的移民日益增加，小義大利區也就
更加熱鬧。

小義大利區的發展起源於諾頓街（Norton
Street），那天我從 Chippendale 走到 Leichhardt，很多
人都覺得有點不可思議，因為那至少得走上一個多小
時，我倒覺得還好，總之就當成是一種悠閑的漫步，
而那種漫步我經常從事著。

在 Newtown，瀏覽的重心是商店的櫥窗與牆壁的塗鴉；在國王十字區，瀏覽的重心是酒吧；而在小義大利區，該注意的則是麵包店、肉舖、咖啡店與餐廳。在某個程度上，小義大利區還有一種宮崎駿動畫裡的地中海風光，戴著鴨舌帽的居民尚且有著義大利水手的風格，彷彿這是一幅畫，畫家的筆觸顯然很從容，不太像是真的刻意想表達什麼，那些肉舖、咖啡店與餐廳於是就沿著諾頓街展開，除了這些店之外，還有許多販賣餐具的小店與婚紗店。偶爾也會看見〈魔女宅急便〉裡的那隻黑貓在街上散步，我和黑貓一樣喜歡在諾頓街上漫步，因為這些店都是觀看義大利文化的重要窗口，踱步的同時我也會想起我在義大利的時光，那些老夫老妻在咖啡店裡閒話家常，年輕人正把酒言歡，孩子們在廣場上嬉戲，雪梨當然不是佛羅倫斯或者羅馬，但是諾頓街卻是雪梨最擬真的所在了，那條街乍看下似乎就像佛羅倫斯的某個角落一般。

隨著大批的義大利人湧入雪梨，許多義大利文化也在雪梨落地生根，其中最明顯的是義大利式的飲食，這當然包括義大利麵、義式咖啡、醃肉與香腸，義大利餐廳的菜單也是以義大利文書寫而成。

維多利亞義大利式的建築以嚴謹的外型及方正的格局為主要特色。

維多利亞義大利式的建築在雪梨不算少見，這也是一種義大利式的文化輸出。

　　當初興建義大利廣場（Italian Forum）時希望塑造出義大利式的風格，但似乎有點畫虎不成反類犬，不過這總是雪梨市內最接近義大利風格的廣場，如果不與義大利那些古老悠久的廣場相比較的話，那麼義大利廣場在雪梨也算是成功的。

　　義大利廣場四周的建築物都是一些商店，其中一樓多半是餐廳與咖啡店，二樓有許多精品店，三、四樓則是住家，義大利廣場也有一座圖書館，館內有大量關於小義大利區的檔案資料。

義大利廣場是小義大利區的一個重點，雖然它的規劃稍嫌造作。

關於義大利的文化，美食可能就占了一大半，在雪梨的義大利節中，美食當然是重頭戲之一。

義大利節時飄揚的紅、白、綠三色旗幟。

由於雪梨有著為數眾多的義大利裔居民，因此市政府每年都會舉辦義大利節的相關活動，其中品嚐美食是活動的重點。

義大利節其實就是一個與朋友共聚一堂享受美食的節日。

義大利節時經常出現的古代羅馬雕像。

萊卡特區

官網：http://www.leichhardt.nsw.gov.au/
交通：從市中心的 QVB 前搭乘 461、
480 或 483 路公車可抵達本區，
若是從環形碼頭搭乘公車，可選擇
436、438 或 439 路公車。

Moretti Ristorante Pizzeria Bar

　　萊卡特區有全雪梨最佳的義大利餐廳，其中這家應該是最為著名的，其官網為 http://www.moretti.com.au/

15 邦代海灘

　　我總覺得邦代海灘是雪梨有別於其他都會的標誌，紐約濱海，但是紐約的沙灘不像邦代海灘這麼近，至於倫敦基本上是與海絕緣的，東京雖然有台場，但我卻覺得那裡著實很普通，連沙鷗在那裡都成了多餘的主角。

邦代的遠景，展覽期間海岬上豎立了幾個公共藝術作品。

Bondi 這個字在澳洲英語裡讀作「邦代」，而非「邦地」，這可能又是另一個惱人的澳洲英語。

　　雪梨的各地都靠海，以海維生大致上是雪梨的寫照，這個歷史從有記載以來一直未曾改變，只是模式不同罷了。雪梨從早先的漁獵進入了貿易，又從貿易進入了觀光；從原住民的土生土長到英國人的大量殖民；從獨木舟換成了觀光渡輪；從無憂的日子進入極端的異化，總之，變化應該就是雪梨的本相，只是這本相少有人領略罷了，那些遊人或許以為歌劇院亙古之前便存在了，連雪梨的官方刊物都宣稱歌劇院堪比金字塔及長城，我想這真的是一種錯誤的類此。

　　從雪梨市中心的中央車站只需要 15 分鐘便能抵達 Bondi Junction 站，附近最熱鬧的莫過於坎貝爾廣場（Campbell Place），這裡也是邦代主要的商業區，如果你在這個廣場閒晃，運氣好的話還會看見超級名模或是知名演員，因為只要是雪梨人都愛到這裡閒晃。從 Bondi Junction 轉搭公車約莫 10 分鐘就到了潔白的邦代海灘，或者你也可以像我一樣選擇步行，那大約是半小時的路程。

　一到夏天，邦代海灘幾乎全是衝浪的年青人，濱海的商店街滿是人潮，有趣的是邦代海灘的店家可能是除了 China Town 之外，唯一會在外頭主動招攬生意的，感覺上邦代海灘的店家似乎非常競爭，很多餐廳甚至會推出一些優惠套餐吸引顧客。許多年輕人慕名而來，他們都是為衝浪而來的，夏天的夜色來得晚，八點半的夜空如白晝一般，許多年輕人甚至鎮日在海邊衝浪，一直到星星昇上了屬於它們的星座、微風送來了流星，最終他們才肯罷手，然後回到陸地。

　我總覺得雪梨人的基因裡殘留著對於海洋的記憶，這或許是心理學家榮格所講的「共時性」，榮格認為人類從海洋的單細胞生物逐漸演進成為靈長類，但在演化的過程中保留了對海洋的眷戀，於是當人類看著大海的時候會若有所思，那是因為大海是所有人類的子宮，而海水是所有人類的羊水，我不是讀心理學的人，因此難以佐證榮格的理論，但是我卻覺得榮格的理論具有文學的美感，或者這些心理學家其實是懷著浪漫寫理論的，所以榮格自認為看海是一種對於初生的想念，而佛洛依德按著自己的遐想解夢，拉康看著鏡中的自己沉思。

　雪梨人或許不太時興閱讀這些理論，他們對於海洋的記憶直接轉化成身上的泳裝與衝浪板，於是在雪梨的街頭看見袒胸的衝浪男兒並不是什麼怪異的事情，在公車上偶遇比基尼女郎是這個城市的風景之一，邦代海灘上露點的日光女郎早成了固定的廣告看板，甚至我偶爾會以為雪梨並不是一座城市，她其實是一座露天的游泳池，人們以各式各樣的招式游泳，西裝筆挺的上班族以蝶式前進，邊走邊鬧的中學生以狗爬式前進，步履緩慢的詩人以浮潛的方式隨波，而我則是戴上了蛙鏡細看著這座城池。

即使是冬日的邦代海灘也充滿了遊客。

觀光巴士

這是雪梨市政府特別為遊客所提供的旅遊專線遊覽車，其車身為紅色，站點全是雪梨市著名的旅遊景點，車資一日券是成人 50 元、學生 45 元、孩童 35 元、家庭票 135 元；兩日券則是成人 70 元、學生 63 元、孩童 46 元、家庭票 186 元。

邦代線的專車在中央車站的第 18 號月臺發車，第一班車的發車時間是早上 9 點半，每 30 分鐘一班車，夏季時的末班車為 19:30，非夏季則為 18:30，可參考以下網址：http://theaustralianexplorer.com.au/sydney-tour-details-pricing.html

邦代海灘附近的街景。

邦代海灘也有市集，如果你是夜貓族，那你一定會喜歡這個市集，因為這個市集每週二至週日，從下午 3 點開始一直到午夜 12 點，尤其在夏天時，入夜後的邦代海灘甚至比白天更熱鬧，這個市集在邦代海灘附近的 Roscoe Street 舉行，不過邦代海灘的市集並非只有這一處，每週日還有一個北邦代市集（North Bondi Market），地點在邦代高中的校園空地裡，許多背包客與衝浪者認為北邦代市集才是雪梨最棒的市集，這多半與它絕佳的位置相關，而雪梨之所以得天獨厚，也是因為她在市區裡就有潔白的沙灘，這個條件不是東京、紐約、倫敦等大城市可以比擬的。

邦代海灘有一項重要的年度戶外展覽很值得一看，這項展覽名之為海之公共藝術展（Sculpture By The Sea）。

其實雪梨原本就是一個非常重視公共藝術的城市，市區的各處都不難看見頗富巧思的公共藝術作品，海之公共藝術展則是這種傳統的延伸，這個海灘的公共藝術活動就在邦代的海邊舉行，時間是每年的11月初到11月下旬（一般是11月2日到19日），這項有趣又極富藝術性的國際性活動已經有20年的歷史，每年到了活動期間總會吸引許多市民及遊客前來，原本就已經是人潮不斷的邦代海灘在活動期間會更加熱鬧。

海之公共藝術展中的作品也忠實反映了澳洲人的幽默性格，酷愛美食的澳洲人經常將餐具搬上公共藝術的檯面。

參加展覽的各國公共藝術作品包含陶藝、雕塑、多媒材等領域，一般而言，每年的參展作品總數都會超過一百件，而參與的藝術家則來自澳洲本地及其他國家，通常大約都有十幾國的藝術家共襄盛舉，其中許多展出作品還會搭配聲音效果，由於展覽的可看性很高，所以在活動期間每天總有大批人潮前往，根據官方的統計，每年會有超過40萬人次參觀這項戶外展覽，許多當地中學也將這項展覽列為年度重要的戶外教學。

海之公共藝術展的作品包羅萬象，其中雕塑作品是大宗。

藝術家將澳洲的交通標誌做成了公共藝術作品。

作品前衛的概念藝術在海之公共藝術展中也有一席之地。

抽象類的公共藝術作品在澳洲向來是主流。

強調環保概念也是當今澳洲公共藝術的一個重要指標。

身為一個農牧大國，澳洲的藝術家往往也以這個主題作為創作的發想。

海之公共藝術展實際上也是一個寓教於樂的好去處。

　　我總覺得邦代海灘註定是雪梨的靈魂，而雪梨這個複雜的城市擁有如衝浪者般的進取心靈，不過是咫尺，雪梨的風景就能從水泥叢林幻化成為冰清的海水，而西裝筆挺的人類不過 15 分鐘就能置換到自己原來所屬的海洋，我未曾認真想過子宮或是羊水的問題，我到了邦代總喜歡看著人們正在那裡享受，因為那是唯一不需要太花腦力的事情。

↑ 以衝浪板為發想的公共藝術作品。
↓ 海之公共藝術展中的雕塑作品多數都具有抽象的意味。

邦代海灘

官網：http://bondibeach.com/

　　其實邦代海灘距離市中心僅有 7 公里，但因為經常塞車，搭乘公車前往大約需時 45 分鐘至 1 小時，自行開車的話又會遇見停車位難尋的惡夢，搭乘火車再轉

公車應該是比較可行的方式，車程大約半小時，請選擇 Illawarra 線的列車至 Bondi Junction 站，那裡有許多公車可轉乘前往邦代海灘，如 330、333、381、382、X81 路公車。

邦代海灘也是雪梨重要的兒童訓練場，澳洲的游泳教育扎根得很早，許多學齡前兒童已學會游泳。

16 同志大遊行與國王的十字

同志大遊行也有許多音樂節目的演出。

國王十字區（King's Cross）的藝術氛圍大體構築在情色這兩個字上，從建物強烈的顏色對比就能嗅到一股屬於當地特有的氣息，白天的國王十字區與其他區其實沒有太大的差異，但是那些粉色或紅色的外牆已經暗示了它入夜之後的樣貌，若您在白天前往或許沒有太多的感觸，但如果您在晚上前往，可能會從此對國王十字區改觀，因為那些成人秀大張旗鼓地在許多店裡進行著，要是在更晚一點的半夜去逛國王十字區，您可能還會看見裸露上半身的阻街女郎正站在小巷裡，而夜店裡的脫衣舞孃正忘情地繞著鋼管熱舞。

其實國王十字區並非一開始就充滿著性與頹廢，也沒有太多的吸毒者與特種營業場所，但是自從特種行業進駐之後，它便成為著名的紅燈區，不過那裡的房租也是最便宜的，於是許多背包客也愛住在那裡。一開始這區以自由風氣著名，在小巷中您仍然可以發現許多很酷的典雅咖啡店，那裡的公寓也充滿了五零年代的藝術風格，逐漸成為紅燈區是在二次大戰之後，這區是雪梨頹廢的象徵，有著濃厚的波希米亞風格，比起紐頓區的波希米亞，那裡的波希米亞更有一種蒼涼的況味。

　　這麼說或許很詭異，因為國王十字區表面上熱鬧異常，但我始終覺得那裡有種潛伏的悲傷，我曾經在入夜之後看見法拉利跑車在那裡往返梭巡著，我想總有某種難解的哀愁鎖在那轟隆的引擎聲中，這或許也是大都會難解的一面，它憂傷，於是跑車與阻街女郎可以配成一對；它華麗，於是赤紅的法拉利與粉紅的霓虹燈相映成趣，轉瞬間，似乎雪梨擁有了最孤寂的心靈。

　　國王十字區的重點在於那些同志酒吧，別以為它們的裝潢都很俗麗，有些酒吧的裝潢非常的特別，它們的裝飾帶有濃厚的後現代風格。有些酒吧則是五零年代的裝飾風格，如果您在晚上到那些酒吧看看，你會發現獨特的裝潢加上現場的音樂很容易讓你感到目眩神迷。不過這些酒吧並不是歡迎任何人進入，有些酒吧只允許男同志進入，所以進去之前最好向doorman（守門的店員，他們一般都長得很魁梧）問清楚。

　　許多導覽書籍都會提到位於國王十字區費茲羅伊花園（Fitzroy Gardens）的阿拉曼噴泉（El Alamein Memorial Fountain），這個建於1961年的噴泉造型有如蒲公英，它的設計者是Robert Woodward，阿拉曼

國王十字區的著名地標—可口可樂的巨型招牌。

噴泉是紀念二次大戰期間於埃及阿拉曼戰場中捐軀的澳洲士兵，儘管這座噴泉聲名斐著，在許多書中它都名列雪梨重要的公共藝術之一，但是在我看來它卻很一般，就像是一座平凡的噴泉出現在有點不平凡的區域。

國王十字區也有一個市集——費茲羅伊市集（Fitzroy Market），這個市集於每週六早上舉辦，地點就在費茲羅伊花園，市集的規模並不大，所販賣的東西以有機農產品為主，不過也有一些攤販賣的是手工藝品及盆栽，如果你想逛這個市集，不妨連著國王十字區及達令赫斯特區（Darlinghurst）一起逛，老實說，白天的國王十字區是很適合閒晃的，但至於晚上之後的風景或許就因人而異，雪梨這座南半球第一大城的密碼有些就散落在那裡。

我其實不太瞭解雪梨人的心，一方面有些錯愕，一方面卻又怡然自得，雪梨人的面向有許多類似英國人的特性—拘謹、重視表面，但兩百多年的演化實際上卻又活生生的區別出他們與英國人有著截然不同的地方，澳洲人狂放，因此在諸多公共場合裡經常會見到澳洲人放肆的一面，澳洲人倨傲，因此在許多時候總會聽見他們說起遼闊的祖國又是何等的光榮，但詭異的是他們之間的大半甚至未曾到過澳洲中部的蠻荒，也未曾去過北澳看看蛋白石的礦場，或者到塔斯馬尼亞看看原始的森林，又或未曾見過東澳的大堡礁和雨林，這也是澳洲人令人迷惑感傷的所在。

但是所有的種種與雪梨的同志情節相較就成了小巫，雪梨有著或許是全世界最自由的同志氛圍，在這裡同志等同於一般人，無須躲藏，而我在澳洲最熟的朋友就是一對同志。我之前在水餃店打工時總會看見幾對同志，如何分辨？其實只要用心看就能看出端倪，至於在其他地方要遇見同志的機率恐怕就更高，

但是要看見他們全部匯集起來的機會只有　個，那就是 Mardi Gras。

　　Mardi Gras 是法文，原意是齋戒過後的狂歡，但在雪梨這詞則成了同志大遊行的代表，Mardi Gras 在每年 3 月的第一個週六舉行，遊行開始的時間是晚間 7 點半，但許多觀光客與市民下午就會去搶占有利的位置，這個活動堪稱是全世界規模最大的同志遊行，在雪梨除了新年煙火之外，當屬 Mardi Gras 最受曬目，這兩個活動或許是雪梨的獨二，而為了目睹這兩個盛會，許多觀光客會湧入雪梨，據悉每年前來觀看 Mardi Gras 的觀光客總有數萬之譜。

　　那個午後人群紛紛聚集在海德公園與牛津街一帶，我們約莫 4 點才到，但夏日的陽光漫長，在雪梨

雪梨的同志大遊行已成為國際活動，許多國外的同志團體也會前來共襄盛舉。

的夏季真的要等到太陽下山大約是八點多。這一天是雪梨最大型的遊行活動舉行的日子，除了裝扮奇特的同志正在已經封街的路上與海德公園裡暖場之外，最吸引人的莫過於隨處可見的彩虹旗，那象徵著雨過天青才會出現的彩虹，正是許多同志的心情寫照，3月的第一個週六，彩虹旗在雪梨的街頭蔚成一幅十分吸引人的旗海。

同志大遊行也是彩虹旗飄揚的日子。

　　同志這個族群一直被視為社會邊緣人，他們長期受政府與司法系統的欺壓，早期亦被大多數的民眾排斥，更被宗教界視為大逆不道的異端，儘管現在大眾對於同志的看法趨於客觀，但同志的合法地位卻仍有許多爭議。雪梨最早的 Mardi Gras 是為了紀念美國第一次的同志抗議活動——石牆事件，官方從早期不支持、不反對的態勢，演變成警方負責開道（象徵著正式的支持）、各個社區積極的參與，到了近期則更成為雪梨市政府大力推廣的觀光活動，這也證明了同志的社會地位真正的在雪梨落地生根了，甚至許多人移民是因為他們的同志身分在澳洲比較不會被排斥，至少我就見過幾個這樣的例子。

↑ 附近大樓的居民在同志大遊行的期間都會在陽臺上觀看。
↓ 同志大遊行的觀眾當中也有許多人是同志。

　　為了一睹這一年一度的盛況，我們雖然晚到了一些，不過仍占到了二線的位置，只是前面有幾個討人厭的日本人不僅大方地抽煙，還不時告訴後面的觀眾他們的位子不容隨便搶占，遊行之前許多觀眾對於他們已經有些不滿，到了遊行開始之後，後面的觀眾更是罵聲不絕，因為他們毫不考慮後面的觀眾而站了起來，如此便遮住了後面觀眾的視線，後來我發現雪梨的日本人的確是討人厭，在許多場合裡他們自私的天性表露無遺。

正準備出場的同志團體。

遊行開始之前便有許多暖場活動，隨著天色的昏暗遊行於焉登場，這絕對是一場性別倒置錯亂的盛會，澳洲人狂放的一面在這場遊行中表露無疑，這狂放夾雜著幽默與鮮艷的色彩襲來，許多人甚至會因為這場遊行從而改變他們對於同志的看法，而這遊行不僅是同志的盛會，更是雪梨各個社區共同的嘉年華，其中包括許多官方組織，這也直接說明了官方的立場，最有趣的應該是這遊行尚具有教育意義，因為許多政府的政策推動也會藉由這場遊行來強調，例如節約能源、資源回收等，就是因為如此，Mardi Gras 連絡了所有雪梨人的情感，儘管仍有衛道人士抵制，不過顯然多數市民都願意認同這場遊行的意義。

Mardi Gras 從 19:30 正式登場，不過其聲光效果要在 20:30 之後的天色裡才能顯現，遊行中的同志們

盡情揮灑他們的熱情，每一個團體都使盡了渾身解數，精心營造出屬於他們自己的情調，有些忘情的女同志甚至會裸露上半身與路旁的觀眾合照。遊行的隊伍非常多，在 22:00 活動結束之前的每分每秒都有不同團體自我們眼前經過，觀眾的驚呼聲則從未停過，我從未看過一群人們同時這樣歇斯底里過，這似乎是人類最原始的欲望透過華麗的樣貌展現，那當中夾雜著狂歡但卻不猥褻的嘶喊，那之間混合了汗水與香水的氣味。那遊行帶著人類的肉體但屏除了色情的成分前來，它強調了同志的愛欲悲歡，當然也攜帶了異性戀者的好奇與祝福，彷彿一時之間雪梨成了南半球的費城，她友愛、不自私，訴說了同志的相愛，而我們則忠實地成為這場盛會的觀察員。

那晚的遊行結束後，雪梨的各家酒吧便成為同志們慶功的所在，那夜的雪梨的確是杯盤狼藉而又狂野放肆，但那卻也是一種齋戒過後的狂歡。

以羅馬戰士造型出現的女同志團體。

參與演出的一對同志戀人。

以蝙蝠俠造型出現的男同志。

正準備出場的男同志團體。

Mardi Gras

官網：http://www.mardigras.org.au/
交通：可搭乘火車（T4 線）至 King's Cross
　　　站，相關資訊請參閱 http://www.
　　　sydneytrains.info/stations/station_
　　　details?stationId＝25

如果選擇搭乘公車可以參閱 https://
moovitapp.com/index/en/public_transit-
Kings_Cross-Sydney-stop_19320847-442

17 盛夏的耶誕節

　　雪梨的耶誕節活動從 11 月便開始，市內有幾處
燈光秀是最有創意的設計，不然那些耶誕節燈飾其實
與歐洲的傳統雷同，而且就精緻的程度而言，歐洲還
要略勝一籌，這倒也不能怪雪梨，畢竟歐洲深厚的歷
史並非一日就能造成的。除了耶誕節燈飾與燈光秀之
外，其實我覺得雪梨的耶誕氣息並沒有想像中濃厚，
耶誕節的當天雪梨宛若一座孤城，不過這還是不能怪
雪梨，因為耶誕節是西方人團聚的時節，就像是農曆
新年時臺北不也是空蕩蕩的光景。

耶誕節的雪梨街頭。

　　這是我第一次正式在海外過耶誕節，但這第一次竟然就給了澳洲盛夏的 12 月，總覺得會有那麼一點的惆悵，因為理論上的耶誕節應該是白雪皚皚，樹梢上掛著晶瑩剔透的冰晶，孩子們穿著厚重的外套，家人圍於爐火之前等，或許這也是我們對於西方耶誕節的刻板印象（stereotype）。從前我在歐洲時，每次的耶誕節我都在旅途上，第一次在瑞士的義大利語區 Lugano，我記得當平安夜的鐘聲響起時，我在氣溫攝氏零度的湖濱攝影，身旁的瑞士人與我聊了起來，開聊的內容不外乎讚嘆美麗的夜景與互道平安，在那之後我踏著凝靜的湖面倒影一路走回投宿的小旅館；第二次的平安夜是在西班牙的 Zalagoza，那時的我在大

教堂前留連，廣場上的孩子喜歡圍著我打轉，因為很
明顯的我是當時當地唯一的外國人。那兩次的耶誕節
我雖然躬逢其盛，但實際上卻未能親身體會，那時的
英國朋友也曾邀我到他們的家中過耶誕節，無奈我都
在旅途上，於是雪梨的耶誕節成了我第一次在海外過
的耶誕節。

　　那天我們幾個同學無聊的聚在一起，一早還去了
雪梨最有名的邦代海灘，原本想去看看在海邊衝浪的
耶誕老人，那算是雪梨耶誕節的應景節目之一，不過
那天的天氣卻好端端地下起雨來，我們最後只得狼狽
的躲在沙灘小屋的屋簷下避雨，而穿著耶誕裝扮的衝
浪者當然早就躲進邦代街上的酒吧了。到了晚上我們
應景地吃了一頓，接著又聚在同學家玩牌直到半夜，
最後回住處的途中路過了那間熟悉的教堂，雖然已經
過了零點時分，沒想到教堂內卻仍進行著彌撒，從未
躬逢其盛的我也忍不住停下了腳步一看究竟，我們就
在那間天主堂的門口看著裡頭所進行的儀式，那些儀
式與聖樂在子夜顯得特別的寧靜，儀式結束之後，那
微胖的神父還與我們握手道聲 Merry Christmas ！

↑ 耶誕節是雪梨人的全民運
動。
↓ 雪梨尋常人家的耶誕燈光
秀。

↑ 雪梨CBD的巨型耶誕裝飾。
↓ 耶誕節期間孩童總有屬於他
們的節慶打扮。

　　12 月 26 日是西方人所謂的節禮日（Boxing Day，拆禮物的日子），雪梨在這一天就像是重獲新生一般，Pitt Street 的購物人潮如海浪排山倒海而來，其盛況比臺灣的百貨公司週年慶更為誇張，要想擠進去那些購物中心一點也不容易，名牌精品店外更是排著一條長長的隊伍，它們的折扣普遍只有 7 ～ 8 折，雖然折扣不多，但對於那些從來不打折的名牌精品店而言，已經算是相對便宜。

　　雪梨的繁華之最集中於 CBD 及某些港灣，例如歌劇院及達令港一帶，如果您偏好逛街的話，市中心的 George Street 是您絕對不能錯過的地方，因為雪梨的各大精品百貨大致上皆集中於該處，例如 QVB 與 Strand Arcade 這兩幢超過百年的典雅購物中心尤其不能錯過，我們很喜歡逛 QVB，這或許也跟我的老派有關，總覺得 QVB 有一種過人的魅力，它那古典的建築顯得高貴無比。

　　耶誕節前的 QVB 很早便豎起了聖誕樹，比起其他百貨公司的聖誕樹，QVB 的聖誕樹顯然要略勝一籌，QVB 的聖誕樹不僅豪華而且非常精緻，因為那

聖誕樹上懸掛的水晶可是奧地利的名牌貨；QVB 斜對面的 Strand Arcade 精緻的程度也不在話下，Strand Arcade 內有許多手工老店，例如手工的皮鞋店、婚紗店等，澳洲有名的手工巧克力店 Haigh's Chocolates 也在 Strand Arcade 的一樓，而這些店向來不收信用卡。

至於雪梨的現代化百貨公司就更多了，例如 David Jones、Myer、The Galeries 等都在附近，這些百貨公司在耶誕節的折扣季裡經常會被人群淹沒，在 George Street（尤其是市政廳那一帶）閒逛有一個好處，您可以經由地下道連接許多百貨公司、超市及地鐵站，這也是雪梨城市規劃中的卓越之處。在 The Galeries 的二樓有一家規模頗大的紀伊國屋書店（Kinokuniya），那家書店是逛雪梨市中心時不能錯過的地方之一，您甚至可以在那裡的中文區找到臺灣出版的書籍，最有趣的是我的許多拙作也在中文區的架上，必須注意的是澳洲的傳統與英國相同，他們稱一樓為 ground，因此二樓相當於我們的三樓。Dymocks 書店的旗艦店也在 George Street 上，不妨進去看看，Dymocks 是一家類似金石堂的連鎖書店，這家書店也兼賣文具，它在雪梨市內算是普遍，雪梨的書店其實不少，有些書店非常有特色，例如在 Newtown 及 Glebe 區都有許多極具特色的二手書店。

另一個購物天堂是馬丁廣場，不過這個廣場的百貨公司以高貴著名，對於背包客而言，馬丁廣場比較適合 window shopping。值得一提的是馬丁廣場經常是電影及廣告片的取景地，要是幸運的話，您還會看見那裡正在拍攝電影，而雪梨每年為期一個月的耶誕慶典，其點燈儀式也在 11 月 23 日那晚於馬丁廣場上舉行，耶誕燈飾會一直持續到 12 月 25 日，百貨公司的折扣季大約也是從 11 月開始持續到耶誕節後。達令港也很適合逛街購物，海港邊的購物中心有

↑ 雪梨的耶誕節旗幟。
↓ 麋鹿的紅鼻子向來是澳洲孩童的正宗耶誕裝扮。

許多有意思的店，達令港也經常舉辦各式各樣的節慶（festival），只要那裡有活動幾乎都會施放煙火，晚上從我在 17 樓的研究室望去，偶爾就會看見達令港的上空又有煙花綻放。

節禮日那天我們不能免俗地去逛街，只是這一逛就逛得我昏頭轉向，因為不管在那裡極目所見盡是人群，百貨公司竟然像是菜市場一般的熱鬧，我第一次體會到澳洲人強大的消費能力。那天我也目睹了澳洲人排隊買水晶的盛況，最有趣的是澳洲人竟然排隊買球鞋，不過澳洲的球鞋拍賣價其實與臺灣的售價相差無幾，只是澳洲的物價不比臺灣，加上商店平常並不打折，因此每到耶誕節後的購物狂潮，澳洲人簡直就像是出閘的猛牛，在百貨公司裡到處亂竄。由於最近幾年澳洲經濟蓬勃發展的緣故，澳幣在這幾年內的行情大漲，臺灣的經濟在近幾年疲弱不振，已經讓許多留學生大喊吃不消，而我們在耶誕節的購物季裡當然什麼也沒買。

耶誕節的雪梨即景。

耶誕期間雪梨市區偶有大型的遊行活動。

雪梨耶誕節的快閃活動。

耶誕活動期間總是有大批市民參與，儼然是雪梨的大型嘉年華。

在廣場上演奏耶誕音樂的小女孩。

在馬丁廣場巨型聖誕樹前的一對小姐妹。

耶誕期間是雪梨的活動季,且活動都與家庭有關。

耶誕節早上的唱詩班。

基督教救世軍在馬丁廣場的演出。

耶誕節的燈光秀。

　　雪梨的耶誕燈光秀大致上分布於 CBD 各處，尤其是各大博物館及歷史建築，而雪梨港及達令港周邊也是一大重點，至於尋常人家的燈光秀則是離市中心越遠越美麗，例如靠近機場的 Tempe 區就有許多很棒的家庭燈光秀。

　　雪梨的耶誕活動也以 CBD 為核心，例如 Pitt Street 就是一處體驗耶誕活動的好場所，雪梨不是每一年都會舉辦耶誕遊行，但若舉辦其地點必然是 George Street，此外，耶誕期間雪梨的大小百貨都會應景的設計出許多耶誕櫥窗，這些櫥窗都是實際觀察雪梨耶誕的好所在。

國家圖書館出版品預行編目資料

雪梨的日常 / 李昱宏文.攝影. -- 初版. -- 臺北
市：華成圖書，2018.02
　　面；　公分. --（讀旅家系列；R0101）
ISBN 978-986-192-317-8（平裝）

1. 旅遊 2. 攝影集 3. 澳大利亞雪梨

771.7519　　　　　　　　　　　　　106024064

讀旅家系列　R0101

雪梨的日常

作　　者／李昱宏

出版發行／華杏出版機構
　　華成圖書出版股份有限公司
　　www.far-reaching.com.tw
　　11493台北市內湖區洲子街72號5樓（受丁堡科技中心）
　　戶　　名　　華成圖書出版股份有限公司
　　郵政劃撥　　19590886
　　e-mail　　huacheng@email.farseeing.com.tw
　　電　　話　　02-27975050
　　傳　　真　　02-87972007
　　華杏網址　　www.farseeing.com.tw
　　e-mail　　adm@email.farseeing.com.tw
　　華成創辦人　　郭麗群
　　發 行 人　　蕭聿雯
　　總 經 理　　蕭紹宏

　　主　　編　　王國華
　　責任編輯　　蔡明娟
　　美術設計　　陳秋霞
　　印務主任　　何麗英
　　法律顧問　　蕭雄淋‧陳淑貞

定　　價／以封底定價為準
出版印刷／2018年2月初版1刷

總 經 銷／知己圖書股份有限公司
　　　　　　台中市工業區30路1號　　電話 04-23595819　　傳真 04-23597123

讀者線上回函
您的寶貴意見
華成好書養分

版權所有　翻印必究　Printed in Taiwan　　◆本書如有缺頁、破損或裝訂錯誤，請寄回總經銷更換◆